U0801127

宗喀巴大师经典文丛

菩提道次第略论

宗喀巴 著

法尊 译

青海人民出版社

图书在版编目（CIP）数据

菩提道次第略论 / 宗喀巴著；法尊译 . -- 西宁：青海人民出版社，2018.4（2024.4 重印）

ISBN 978-7-225-05563-3

Ⅰ . ①菩… Ⅱ . ①宗… ②法… Ⅲ . ①喇嘛宗—佛经—研究 Ⅳ . ① B946.6

中国版本图书馆 CIP 数据核字 (2018) 第 092259 号

菩提道次第略论

宗喀巴　著

法　尊　译

出 版 人　樊原成
出版发行　青海人民出版社有限责任公司
　　　　　西宁市城西区五四西路 71 号　邮政编码：810023　电话：（0971）6143426（总编室）
发行热线　（0971）6143516 / 6137730
网　　址　http://www.qhrmcbs.com
印　　刷　青海西宁西盛印务有限责任公司
经　　销　新华书店
开　　本　720 mm × 1010 mm　1/16
印　　张　9.75
字　　数　130 千
版　　次　2018 年 7 月第 1 版　2024 年 4 月第 4 次印刷
书　　号　ISBN 978-7-225-05563-3
定　　价　36.00 元

版权所有　侵权必究

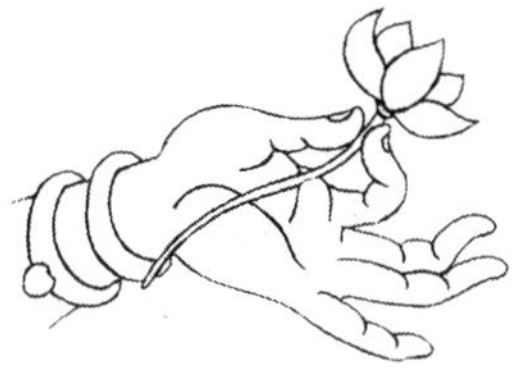

【目次】

菩提道次第略论

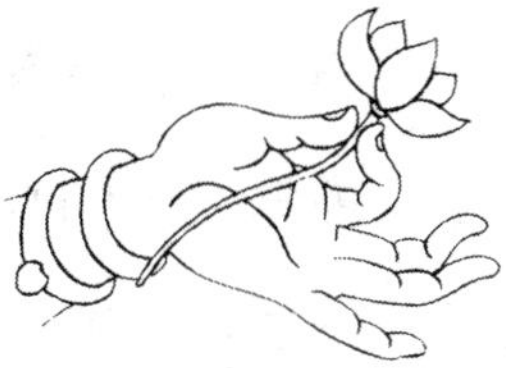

【科判】

甲初　作者

乙初　氏族圆满

乙二　本生所得功德

丙初　博学所得教之功德

丙二　证功德

乙三　于佛教中所作之事业

丙初　于印度所作

丙二　于西藏所作

甲二　法

乙初　会通佛说一切经教互不相违之殊胜

乙二　显示一切经皆为教授之殊胜

乙三　易得佛密意之殊胜

乙四　自能灭除极大恶行之殊胜

甲三　说听规律

丁二　能依弟子之相

丁三　依止法如何

戊初　意乐依止法

己初　净信为本

己二　念恩生敬

戊二　加行依止法

丁四　依止之胜利

丁五　不依止之过患

丁六　总明其义

丙二　略示修法

丁初　正明修法

戊初　正修时应如何

己初　于加行应如何

己二　正行如何

庚初　总修持法

庚二　此中修法

己三　于完结时如何

戊二　未修中间如何

丁二　明二种修破妄分别

乙二　得依止已修心之次第如何

丙初　于有暇身劝受心要

丁初　正明暇满

子初　思帷死王必来、任何法不能免

子二　思寿无增而有减

子三　思帷虽存在时亦无修法之暇而死必决定

癸二　思死无定期

子初　思赡部洲人寿无定故死期亦无定

子二　思死缘甚多活缘甚少

子三　思身极危脆故死无定期

癸三　思帷死时除佛法外余皆无益

辛二　思后世二趣苦乐如何

壬初　思地狱苦

癸初　大有情地狱

癸二　近边地狱

癸三　寒冰地狱

癸四　孤独地狱

壬二　思傍生苦

壬三　思饿鬼苦

庚二　明后世乐之方便

辛初　皈依为入佛教之胜门

壬初　依何者为皈依之因

壬二　依于彼因明皈依境

壬三　皈依之法如何

癸初　知功德

子初　佛功德

丑初　身功德

丑二　语功德

丑三　意功德

丑四　事业功德

子二　法功德

子三　僧功德

癸二　知差别

癸三　自誓受

癸四　不说有余皈依处

壬四　皈依后应学之次第

癸初　各别学处

子初　遮止学处

子二　奉行学处

癸二　共同学处

辛二　生决定信为诸善之根本

壬初　思惟业果总相

癸初　正明思惟总相之法

子初　业决定之理

子二　业增长广大

子三　业不作不得

子四　业作已不失

癸二　各别思惟

子初　正明十业道

子二　抉择业果

丑初　黑业果

寅初　正明黑业道

寅二　轻重差别

卯初　十业道之轻重

卯二　兼略释具力之业门

辰初　田门力大

辰二　依门力大

辰三　物门力大

辰四　意乐门力大

寅三　释彼等果

卯初　异熟果

卯二　等流果

卯三　增上果

丑二　白业果

丑三　别释业之差别

壬二　思惟差别相

癸初　异熟之功德及业用

癸二　异熟之因

寅二　悚惧苦

寅三　砍截等苦

丑二　上界天之苦

辛二　思惟集谛趣入流转之次第

壬初　烦恼发生之相

癸初　正明烦恼

癸二　烦恼生起之次第

癸三　烦恼之过患

壬二　业积集增长之相

癸初　所作业积集增长之认识

癸二　增长法如何

壬三　死与结生相续之相

癸初　死缘

癸二　死心

癸三　暖从何收

癸四　死后成中有之理

癸五　次于生有结生之相

己二　发心之量

己三　除邪分别

己四　抉择能趣解脱道之自性

庚初　依何等身灭除生死

庚二　修何等道而为灭除

丑初　修慈

丑二　修悲

丑三　修增上意乐

癸二　修求菩提之心

癸三　认定修果发心

辛二　依寂天菩萨教授而修

壬初　思惟自他换否之功过

壬二　若能修习则彼心发生

壬三　修习自他相换之次第

癸初　除其障碍

癸二　正明修法

庚二　此心发生之量

庚三　以轨则受法

辛初　未得令得

壬初　从何处受

壬二　以何身受

壬三　受之轨则

癸初　加行仪轨

子初　殊胜皈依

丑初　净地设像陈供

丑二　启白与皈依

丑三　皈依竟说学处

壬二　学已受菩萨戒

壬三　受已修学之法如何

癸初　依何学处

癸二　诸学摄于波

子初　正义数决定

子二　兼说次第决定

丑初　生起次第

丑二　胜劣次第

丑三　粗细次第

癸三　修学之次第如何

子初　行者总修学法

丑初　学行六度成熟自佛法

寅初　布施学处

卯初　施之自性

卯二　施之差别

辰初　对人不同之差别

辰二　施自性之差别

卯三　于身心生起之法

寅二　戒之学处

卯初　戒之自性

卯二　戒之差别

卯三　于身心生起之法戒清净

卯二　正行

辰初　明住心之所缘

巳初　总明所缘

巳二　此处所缘

辰二　明如何修住心

寅二　修止量

丑三　学观法

寅初　总明观资粮

寅二　别明抉择见

卯初　明染污无明

卯二　寻求无我见

辰初　抉择人无我

辰二　抉择法无我

巳初　决择有为法无自性

午初　抉择色法

午二　抉择心法

午三　决择不相应行

巳二　决择无为法无自性

丑四　学双运法

辛二　别于金刚乘修学之法

卷一

敬礼于诸至尊正士具大悲者足下：

堪忍刹中自在主，补处慈尊法中王，

善逝智父妙吉祥，龙树无著佛所记。

深观广行两大宗，传承诸师我皈命，

为欲易入深广道，再以略法于此说。

此论为总摄一切佛法之纲宗、龙树无著二大流派之准绳、胜士趣入一切智地之法规、三类士夫所应修持乃至菩提一切无不全备之次第也。由此菩提道次第为门，将具堪能者引入佛地，即此中所说法。

如济迦麻啰喜啰寺说法之轨则，先须讲明作者之重要、法之重要及如何说听彼法之三事。今于此菩提道次第之引导分四：一为明法源清净故，释作者之重要；二为于教授生敬信故，释法之重要；三于具足二种重要之法应如何听受讲说；四如何是以正教授引导弟子之次第。

【科】甲初　作者

本论总依弥勒菩萨之《现观庄严论》，又以别依《菩提道炬论》，故《道炬论》之作者，即是本论之作者，其名曰燃灯吉祥智大阿阇黎，别号具德阿底峡。

【科】乙初　氏族圆满

如《罗乍瓦赞》云："东方惹火地，于此有大城，名次第聚落。其中有王宫，殿堂甚宽阔，金幢以为号。国王名善德，丰富多资财，有如支那君。王妃吉祥光，诞生三王子，莲华藏月藏，吉祥藏为名。长子莲华藏，五妃诞九子，第一福吉祥，今时具才能，亦称达那喜。少吉祥藏者，比丘精进月。月藏序居中，现我亲教是。”

【科】乙二　本生所得功德

丙初　博学所得教之功德

尊者于二十一岁以内，将内外教共应明处之声明、因明、工巧、医药等四，学至最极精通。又于十五岁时，听《正理滴论》一次，即辩论折服一著名外道，于是英称普闻，此大绰龙巴所说。尔后复于黑山道场亲近罗睺罗古达喇嘛。此喇嘛者，曾得喜金刚现身、金刚空行母授记得成就者。尊者蒙此喇嘛为授大灌顶，命名曰智密金刚。直至二十九岁时，复于诸已得成就师前，修学金刚乘法。至是经教教授通达无余。即自意念：于诸密咒我已精谙。嗣经空行母等，示梦多部密经皆未成睹，乃折其慢。自此以后，有诸师长及以本尊，或明或寐而劝请云：若出家者，能于佛法及众生作大饶益。尊者依言，往投大众部持律上座已修入加行位中之戒铠大德求请剃染，为作和尚，令得出家。三十一岁内遍学显教，别于《大毗婆沙论》依止法铠论师于啊登打补日研究至十二年之久。以对根本四部要典皆甚精熟故，于各部异义，取舍之间互有出入处，虽极微细，亦能毫不紊乱而正了知。

【科】丙二　证功德

以三藏灵文能摄尽一切佛教，故证之功德亦以戒定慧三学摄之。

戒学者，定慧一切功德之所依，千经万论之所赞者也，欲求证得定慧，先须具足净戒为增上缘。于此有三：初，具足殊胜别解脱戒者，尊者于受得比丘戒后，爱护其戒如氂牛爱尾，守护轻细犹且舍命不渝，于诸重禁夫复何说。大持律上座之称，于焉起矣。次，具足菩萨戒者，尊者于修习慈悲为本菩提心之教授，虽曾多所参学别经久时，特依金洲大师修习由弥勒文殊降及无著寂天辗转传来最胜教授，于自他相换之菩提心随得生起，由愿入行而受学处广修诸行，毫无违越。后，具足金刚乘戒者，以具观自身成本尊之生起次第及金刚心圆满次第之三摩地，随成瑜伽之尊。特别于所制禁戒，无所违越，诸三昧耶如理守护。如上三种禁戒，非仅受时暂起勇进，亦于受后各别随行，终不违犯。设有违越，亦疾各依还净仪轨除罪清净。

具足定学有二：一共者，得止中心之堪能；二不共者，证得最极坚固之生起次第。又，修禁制之行六年，或云三年。

具足慧学有二：一共者，谓得止观双运之观行三昧；二不共者，成就圆满次第之殊胜三昧。

【科】乙三　于佛教中所作之事业

丙初　于印度所作

于金刚座大菩提寺，曾经三次制诸外道令受佛教。复于内宗上下诸部，有未达及邪解疑惑等垢者，洗除令净，增长正法。各派对之均极爱敬，不分部类，视同顶髻。

【科】丙二　于西藏所作

藏人迎请入藏宏法，虽经多次，均未邀允。嗣当藏王菩提光秉政时，复选派使臣延聘尊者，乃蒙降临。依众劝请，整理教务，著有《菩提道炬论》等，总摄一切显密心要。前后游住藏卫将二十年，教化无算，具根器者，皆蒙利益。

如是开显能仁之密意而造论释，其能作者应具三种圆满之因：一、须于所知五明处善巧；二、于修持之要义须有从释尊辗转传来，师师相授，中无断绝之教授；三、须见本尊得蒙印许。随具其一，虽能造论，然以全具最为圆满，大阿阇黎于此三者皆悉具足。

本尊摄受者，如《罗乍瓦赞》云：“具德喜金刚，建立三昧王，勇识世自在，尊胜度母等。蒙现身开许，梦中或现前，深广微妙法，尊者常得闻。”

喇嘛传承者，佛教之传承有二：即共中下士道之小乘教法，与不共之大乘教法。大乘教中，又分波罗蜜多乘与金刚乘。初又分三支，即深观一派与文殊弥勒二广行派是。金刚乘中，复有各种传承，皆已圆满获得。其曾所亲近之善知识，如赞云："常得依止师，馨底巴金洲，觉贤吉祥智，多得悉地者。别自龙树来，一一递相承，深观及广行，教授尊者有。"如是善知识中得成就者，共称十二，余者亦多。通五明者，略如上说。故此阇黎善能抉择佛之密意。其弟子中最著名者，印度则有比朵巴、法生慧、中道狮子、地藏密友等，藏中堪能继持法藏者颇不乏人，其最能绍承增广师之事业者，当推种敦杰为上首。

以上略释作者之重要，详如尊者本传等所明。

【科）甲二　法

此教授之根据为《菩提道炬论》，而《道炬论》乃尊者一切著述中之根本，以能总摄显密要义故，所说圆满；以能调心为次第故，易得受持；以能善巧性相两宗、严饰二师教授故，胜余轨式。欲明此《道炬论》教授之殊胜，当分四科。

【科】乙初　会通佛说一切经教互不相违之殊胜

尽佛一切所说，须知皆是为一补特伽罗成佛之道，彼亦随应或为道之主干，或为道之分支。而菩萨所求，为利世间，其所化导，亦须摄受三种种姓，故于彼等道品，皆应修学。知三乘道者，是成就菩萨所求之方便，此乃慈氏所说也。于大乘道中，有共不共二种，共者即声闻三藏是，不共者唯除求自一身寂乐之意乐及不共制罪等是。复次，佛者过无不离，非仅断其一分，德无不圆，非仅成其一品。上士发心，志求佛果，亦当灭一切恶、集一切善，故余乘一切断证功德，皆为大乘道中所摄，是故上士皆当修学。或谓修密乘人毋须如此，斯不应理。虽不如波罗蜜多乘于布施等以无量分别而为修学，然于发菩提心、修六度行、道之大体，是所共同。如《金刚灌顶经》云："纵遇舍命缘，勿舍菩提心。"

又云："六种波罗蜜，任何不应舍。"余密典中，亦多此说，无上瑜伽之仪轨教典等，亦皆云应受共与不共之二种戒律，共者即菩萨戒是。种敦杰云："我之喇嘛，是能以四方大道而持一切教法者。"此语乃察见其要也。

【科】乙二　显示一切经皆为教授之殊胜

或谓佛说大部经文，是讲说法，无修持之要义，其有关修行之心要，当知须于余处别求教授。如斯执者，能于无垢经论，作生起敬重障难，当知是集谤法业障。盖于诸求解脱者，真实不虚之殊胜教授，实为诸大经论，然我等智慧微劣，不堪直接依止经论，须依知识口传，渐次研寻，乃可通达。勿执诸经无益修持，而固守浅鲜教授。如《菩提宝》云："若深入经教之人，不以少许经函谓得决定，当知一切佛语皆为教授。"又《修宝》云："阿底峡之教授，于一座上，身口意三，碎为微尘，今知一切佛语，皆为教授。"又如种敦杰云：若多学经已，复从他处另求余种修行法规者，是为错误。又《俱舍》云："佛正法有二，教证以为体。"如斯所言，一切佛法，不出教证二种，教者正为抉择修行之法轨，证者如抉择而起修。是彼二者，势成因果。有如驰马，先择马场，场所既定，辔勒乃施。倘于一处先习闻思，别于他方另求修证，异道以驰，如何而可修行次第末编为显斯意，出喻如上。故本论自依止善知识以至修习止观，总为显示一切经论皆为教授，诸邪分别，遣无遗余。

【科】乙三　易得佛密意之殊胜

诸广经论，虽皆为殊胜教授，然在初业有情，若弗先依现前人师之教授，虽欲直人，于彼等而不得密意，设复有得，亦须观待长时功力。倘能依兹《道炬》及与《道炬》相类之著述，当速通达。

【科】乙四　自能灭除极大恶行之殊胜

如《法华经》及《宝积经·谛者品》，皆诠一切佛语，以权实二意示成佛之方便。倘不解此，妄分胜劣，谓某也大乘所当学，某也成佛之障碍所当弃，如斯邪谬，当成谤法。谤法业障，微细难知，过患尤重。《三昧王经》云：“纵毁赡部洲，一切佛塔庙，较之谤法罪，多分不及一。恒沙阿罗汉，一时顿杀却，较之谤法罪，多分不及一。”总之，能生谤法业之因，虽有多门，而无知妄说，最为易犯，智者于此，当努力断灭。但于前所说，能生决定者，自能灭除谤法恶行。此之决定，若多读谛品《法华》，即能获得，其谤法余门，更可于集一切研究经中求之。

【科】甲三　说听规律

乙初　听者之规律

丙初　思惟闻法之胜利

《听闻集》云：“多闻能知法，多闻能远恶，多闻舍无义，多闻得涅槃。”此颂谓依于闻法，如其次第能知取舍处，知已乃持止恶之戒，以遮止无益已，则心安住于善所缘，自能发生定也。次以通达无我真实之慧，断世间系缚根本，遂得解脱。《本生经》亦云：“若人由闻起正信，当成坚固妙欢喜，慧生愚痴即当无，以自肉买亦应理。闻为破暗之明灯，贼所难劫殊胜财，是杀痴暗仇人剑，教示方便胜伴侣。虽贫不弃是亲友，无损疗除忧病药，摧大罪军胜眷属，复是胜名德珍藏，上流相遇好赠品，众中英俊所爱乐。”又云：“闻后以修为心要，少功即脱生死城。”于诸闻法胜利等数数思惟，应当发起胜解。

【科】丙二　于法及法师起承事

如《地藏经》云：“专以信敬而听法，于彼不应生讥谤，说法师前兴供养，于彼当生如佛想。”视之同佛，当以狮子座等恭敬利养而行礼供，断除不敬。又《菩萨地》中谓，当离高举及轻蔑，于法与说法人二者应当敬重。又《本生经》云：“当处极下座，生起调伏德，喜眼而瞻视，如饮甘露语。敬重专一礼，净信无垢意，如病听医言，起承事听法。”

【科】丙三　正明听之规律

丁初　除三种过

若器倒覆，或口虽仰而内不洁，或内虽洁而下有罅，纵天降雨，必不能受；或虽受得，为染所污，不堪饮用；或虽不染，漏而弗住。如是虽临法会，若不属耳而听，或虽属听而起邪执，或发起意乐有过，或虽无彼等诸失，若于所闻文义而不坚记，以忘念等而失坏者，如是闻法，不能得大利益，故当离此诸过。为治彼三过故，经中常说："谛听谛听，善思念之。"《菩萨地》亦云："以欲知一切，及专注一境，属耳注意，如理思惟而听。"

【科】丁二　六种想

戊初　于己须如病者想

如《入行论》云："虽遭平常病，犹须依医言，况复贪等罪，百病恒逼逐。"以贪等惑，恒时难疗，感生极苦之病，长夜痛恼，于彼应识。如迦马巴云："无而谓有，固是颠倒，今有三毒之重病，如斯猛烈，我等于病且无所知，此更颠倒，甚不应理。"

【科】戊二　于说法者须知医师想

吾人若患风胆等重病，势必寻求良医，设与相逢，起大欢喜，随言而听，恭敬承事。于说法师，亦当如是，访求得已，如教而行，恭敬承事。

【科】戊三　于教法生起药物想

犹如病者，于其医师所配之药，深生珍重；学者于说法师所说教授教诫，亦应认为重要，励力珍持，勿以忘念违背等而失坏之。

【科】戊四　于修行生起疗病想

亦如病者，自知若不饮服医所配药，疯不能瘳，即便饮用。如是学者于说法师所示教授，若不修行，终不能摧伏贪等烦恼，故须殷重而为修持。又如久病恶癞、断手残足，一二剂药，诚无所益。吾人无始长处惑染重病，于其教授，略修一二次，不可遂以为满足。如《忏赞》云："心于谛理恒愚痴，病根长夜相依附，譬彼恶癞断手足，仅服少药有何益。"是故于己作病人想，甚为紧要。此想若具，余善可生，倘唯形于言谈，不务真实修习教授之义而断除烦恼者，亦仅获得听闻而已，如病不服药，病终不愈也，此《三昧王经》中所说。彼又云："我虽已说微妙法，汝闻若不正修习，如诸病者负药囊，自身疾病无能瘳。"《入行论》云："身当依教修，徒说有何济？如仅读药方，病者成益否。"故应殷重起除病想。言殷重者，谓于知识教授诸取舍处，而为受持，于作须知，于知须闻，闻已于正知而作之要点，努力应作。故于所闻义，随力修行，最关紧要。若非然者，临命终时，必多追悔，如《身心教诫经》云："我无修行今云何，死时而作婴儿忧，未获心要极苦恼，此是徒爱言说失。"又云："如处观瞻俳优内，演述他人胜功德，自身修行既失坏，徒矜口利成此过。"又云："甘蔗树皮无心要，所乐之味住于中，若人仅嚼蔗皮者，蔗糖美味不能得。是故徒说如蔗皮，能思法义如尝味，以是须断徒乐说，常不放逸思法义。"

【科】戊五　于如来须作正士想

随念说法者如薄伽梵，生起敬重。

【科】戊六　于正法眼生起久住想

依于听闻如斯法已，作是思念：云何能使如来教法久住于世？复次无论说法听法，若将身心置于余处，不与法合，则任说者随说何种皆无有益，必须为自身心抉择而听。譬如欲知自面有无垢恶，照镜知已，而除其垢，自行过恶，于法镜中现。心生热恼，除过修德，须随法行。《本生经》云："我之恶行垢，法镜能照澈，于意生热恼，我当趋于法。"总之，我为一切有情事故，求得作佛，欲得佛果，当修其因，故须听闻正法，忆念思惟，发菩提心。既知听闻胜利，须起勇猛，断器等过，而为听闻。

【科】乙二　说者之规律

丙初　思说法之胜利

《俱舍》云 ：“无染行法施，如经而宣说。”彼自释云，是故若诸邪妄说法，及染污心希求利养恭敬名闻而宣说者，彼等皆自坏其大福利。故说法者，发心清净，最为重要。如昔恭巴云 ：“余未曾有一次不先修无常而后说法也。”若不顾视利养等而行法施，当生两聚二十种胜利，如《劝发增上意乐经》广说。

【科】丙二　于大师及法生起承事

佛说般若时，自敷法座，可见法者犹是诸佛恭敬之田，故当念法与大师之功德及恩惠，生起恭敬。

【科】丙三　以如何之意乐加行而说

第一意乐，如《海慧所问经》中说，住五种想，谓自作医师，法如药物，观听者如病人，视如来是正士，愿法久住。此五想之外，并于眷属修慈心，更须断除恐人胜已之嫉垢、推后之懈怠、数数宣说之疲厌、扬己之长、彰他之短、于法生吝、希求衣食财物等过。当作是思惟，为自他得成佛故，以今说法所获清净福德，为我安乐资具。第二加行，须澡浴清净，著鲜洁衣，于清净悦意之处，敷设法座。坐已，诵降魔咒，法会方圆百由旬内，魔不能侵，纵有窜人，亦不能作障碍，此《海慧问经》中所说。既诵咒已，舒颜悦色，具足定义支分譬喻理由教证而为宣说。

【科】丙四　观机说默之差别

如《戒经》云 ：“不请不当说。”谓不启请不应宣说也。虽然启请，亦当观其根器，若知是器，虽未劝请，亦可为说，此《三昧王经》所言也。诸余威仪，如律广明。

【科】乙三　共作之规律

于说听之诸善根，当发普贤行等净愿印定之。能如是作，则每说听一次，决定能生经中所说之诸胜利，且依此说听要规，先时所集轻人贱法一切罪障悉得消灭，亦能遮止新造诸恶。总之，昔诸善士，皆注重于此事，而本论前代传承诸师，尤加诚虔。倘于此节不获定见，心未转动，则任广说何种深法，如致本尊变魔，即彼妙法亦成烦恼助伴，事例实亦多矣，可谓从于初一错至十五。诸具慧者，于此说听规律，勉励以学，当知此于诸教授中最为殊胜前导。

【科】甲四　如何是以正教授引导弟子之次第

乙初　依止善知识法为道之根本

丙初　令生决定故略为开示

于弟子身心中，但能生起一分功德，减损一分过失，以上一切安乐妙善之根本，皆由善知识教导之力，故于最初修依止法极为重要。

【科】丁初　所依善知识之相

诸经论中，就各各乘，虽有多说，然于此处所示，乃为须于三士道渐次接引而导致大乘佛地之善知识也。《庄严经论》云：“知识须具戒定慧，德胜精进教富饶，通达真实善说法，悲悯为体断疲厌。”此谓弟子须求得一具足十法之善知识而依止也。若自未调伏而能调伏他者，无有是处。彼调御他人之师，先须自能调伏。若尔，云何以自调伏耶？倘随分修习，于身心有一分证德之名者，不能真实饶益于他，须顺佛教总相。如戒等三学，以调伏身心，彼调伏者，即是戒学。如《别解脱缴》云：“心马难制止，勇决恒相续，别解脱如衔，有百针极利。”当如调马之师，以坚利之衔勒，调伏根随邪境。如调野马，制伏于其所不应行，于应行处，努力进趣。由学此戒，则能调心。具定者，谓于善恶行之止作，依于正念正知，心内寂住，定学随生。具慧者，谓依于止，观察真谛，净慧即发。如是虽具三学证德，尚嫌不足，复须博通三藏，具足多闻。如格西敦巴云：“大乘师者，须任说一事，皆能贯通无量经义，正修持时，了知三学之差别功能、成何利益、现于所化之机、其心行为何状净。”通达真实或教理者，谓以胜慧达法无我，或由现量证得，此若未能，即以教理而能通达者亦可也。又虽通达教理，若功德劣于弟子，或仅与相等，亦为不足，故师须具胜于弟子之德。《亲友集》云："所依逊己反成退，平等相依住中流，依较胜者获胜德，是故当依胜己者。具戒得寂定，及以殊胜慧，若依此胜师，当超此胜者。"如普穹瓦云："我闻前辈传记时，自然生起向上心。"又塔懿云："惹真寺诸尊宿，为我及诸后学视线所集。"故善知识之功德，有须胜于己之必要。上之六德，仅是为师者成就自利之相，其余则为摄受他之功德。如云："佛非水洗众生罪，亦非手拔有情苦，非将己德移于余，唯为说法令解脱。"如颂所言，善知识欲成熟他人，除为开示正法、令其随顺修持之外，更无以水洗罪等事也。彼四法内善说法者，谓于引导弟子之次第善巧，复能将己法义，运入于所化有情心中。具悲悯者，即说法之意念清净，非为名利承事。博朵瓦呼井弩瓦曰："里抹补，我随说几许法，未曾一次自觉善哉，但观众生无不是苦恼者。"言精进者，作他义利坚固勇悍也。断疲厌者，数数宣说不生疲倦，能忍宣说之难行故。博朵瓦云："具三学，通真实，及有悲心，五者为主。我漾尊滚阿阇黎，既无多闻，难忍疲厌，闻者不解其言，但以具前五德故，凡亲近者皆得受益。又宁敦师不善辞令，纵为施主咒愿一次，众亦不识所言谓何，其不善于说法如此，然以具前五德故，亦能饶益徒众。"彼众德全具之师，处此末法，虽不易得，但亦莫依过失增上及功过相等者，必须依止功较增上者。然师为万善之根本，诸欲依师修心者，当知彼师应具之相励力访求。而欲为弟子作依止者，于具彼诸相之因，亦当勉焉。

【科】丁二　能依弟子之相

《四百颂》云："质直具慧求法义，是则名为听法器，不将说法师功德，执为过谬听亦然。"谓能依者相，具斯三德，可称法器，则不但不将说者功德执为过失，亦不将听者之功德执为过谬。器相若缺，则师虽极清净，以弟子自身过故，必至见为过失，或将说者之过失，复执为功德焉。言质直者，谓不堕党类，若为堕类所蔽，则不能察见功德，亦不获善说之义。如《中观心论》云："以堕类故心热恼，终无通达寂灭时。"堕类谓分派别，贪爱于自之一类一派，及瞋恼于他之一类一派，当自观心，有则改之。虽能住质直，若无分别善说正道恶说似道之慧力者，犹非其器，故须有了解彼二之慧也。又虽有住质直具慧二相，不能如教而修，仍非其器，故须具求法意乐也。释中加入敬法及师，善摄心听二事为五。如是则为求法义利、善摄心听、敬法及师、取舍善恶说之四也。第四之取善说即具慧，舍恶说即住质直。自审可受师长引导能依之诸相为全与不全，若全则欢喜进修，若不全者，后当徐于求全之因加功努力焉。

【科】丁三　依止法如何

如是具能依相堪为法器者，当观其师于上说之相具足与否，若具相者，可受法礼。

【科】戊初　意乐依止法

己初　净信为本

《宝炬陀罗尼》云："信为前导有如母，出生长养诸功德。"谓以信故，能令功德未生者生，生者安住，辗转向上增长也。《十法经》云："以何到佛地？信为殊胜乘，是故具慧者，当随净信修。于诸不信人，不能生白法，如火烧种子，岂复发青芽。"此谓从行止门中，信为一切功德根本也。总则对于三宝业果四谛等生信，有其多种，此中言信盖信于师也。然对师应如何而信耶？《金刚手灌顶经》云："秘密主，学人于阿阇黎应作何观？当视如佛。"诸大乘经及律藏皆作是说。此义云何？谓常人于佛，皆不致生起寻过之心，而能思其功德，于师亦应尔，故须视师是佛。前经又云："当持师功德，无寻师过失，观德得成就，察过不得成。"设以放逸或烦恼炽盛等过，忽起寻过之心，应当励力忏改防护。如是修习，纵见稍有过失，以念德心盛故，亦不能障碍信心。譬如阿底峡见解为中观派，金洲大师见解为唯识派，就见而论，虽有胜劣，然大乘道之次第及菩提，皆系依彼学得，故认金洲为其诸善知识中之法恩最大，无可与比对者焉。

【科】己二　念恩生敬

《十法经》云："于久远驰骋生死中寻求我者，于长夜痴暗睡眠中醒觉我者，于陷溺有海拔济我者，于三界牢狱解放我者，我入恶道示以善道，我有疾病为作良医，我为贪等猛火所烧为作云雨而息灭之，应如是思。"《华严经》云："我此善友说法人，诸法功德为开示，菩萨威仪总为说，一心思惟而来此。能生善行如我母，哺功德乳如乳母，菩提支分教修习，此诸知识遮损恼。解脱老死如妙药，亦如帝释降甘霖，令我增善如满月，开显涅槃似日明。心于怨亲固如山，亦如大海不荡动，救护一切如船师，善财如是思惟来。菩萨令我发大心，佛子令起求菩提，我此知识佛所赞，以是善心而来此。救护世间如勇士，又如商主众所依，与我安乐开慧眼，以此善心事知识。"吾人参谒善知识时，应念此偈颂辞句，但将善财换取己名诵之。

【科】戊二　加行依止法

如《事师法五十颂》云："此何须繁说，随师喜当作，不喜者悉止，于彼彼励力。成就随阿阇黎，持金刚亲说，知已一切事，悉敬奉师长。"总之，师喜者作，不喜者勿作是也。于喜者作复分三门，谓内外财供、身口给侍、如教修行也。又《庄严经论》云："当以财利及承事，如教修行依知识。"其中初者，如《五十颂》云："又复于师所，乐行于喜舍，不吝于己身，何况于财物。"又云："若于灌顶师，三时伸礼奉，则为已供养，十方诸如来。"其次洗擦按摩侍疾、称扬功德等，名身口给侍。第三如所教授，不违修行是，三门之中此为主干。《本生经》云："报恩供养者，谓如教修行。"

【科】丁四　依止之胜利

由如法依止善知识故，得近佛位，诸佛悦豫，常遇善知识，不堕恶趣，速断一切烦恼恶业，不背菩萨行，常具正念，功德资粮渐渐增长，成办现前究竟一切义利。复次，敬事善知识者，先时所积当受恶报之业者，能于此世身心少感不安，或梦受微苦，即可转灭令尽。此之善根，较诸供养无量佛陀尤为超胜，胜利之大如是也。

【科】丁五　不依止之过患

若不如法依师，此世易为病扰，或为魔侵，后世堕于恶趣，感受无量苦恼。《五十颂》云："勿令阿阇黎，少分生烦恼，无智相违背，定入阿鼻狱。受种种极苦，说之深可怖，由谤阿阇黎，于中常止住。"又经云："但闻四句颂，若不奉为师，百世生犬中，复当生贱族。"复次，诸未生之功德不生，诸已生者失坏，当与不善知识及恶友为侣，亦令功德损灭，过失增长，生出多种不可爱乐之事，故于一切能感苦果之因悉应断之。

【科】丁六　总明其义

须知共所称许之喇嘛瑜伽教授者即如上说。若仅少次缘念，殊嫌不足，必行者心生决定，于具德引导不错之善知识，应长时依止。如伽喀巴云："于依师时恐有所失而折本。"盖不知依止法，将无利而有亏损，此依师法，比较余法尤为重要，以其为究竟利乐之根本故。我辈烦恼粗重，又不知事师法，或知而不行，多生众罪，此须努力忏改防护。诚能如是，不久当如常啼菩萨，及求善知识无厌足之善财矣。

【科】丙二　略示修法

丁初　正明修法

戊初　正修时应如何

己初　于加行应如何

金洲大师所传加行六法，谓一于住处整理洁净，陈设佛像；二端严陈列无谄之供品；三于安乐座端身跏趺，或半跌坐，至诚发起归依之心；四于面前虚空中观想深广二派传承师长、诸佛菩萨、缘觉声闻、护法诸天，无量安住，分明显现；五对于助道顺缘，障道违缘，若不积忏，道则难生，而积忏方法，以七支行愿最为扼要。彼中初于礼敬支有三门总礼者，即“所有十方”等一颂是，谓非仅礼一方一世之佛，须缘十方三世一切诸佛，由决定心运用清净三业，恭敬而礼。

三门各别礼敬中，初身礼者，即“普贤行愿”等一颂，谓先缘十方三世一切诸佛，复观自己化身无数量等刹尘而行礼敬。此须于彼普贤行愿起信解力，乃能发起。意礼者，即“于一尘中”等一颂，谓一一尘中皆有一切刹尘数佛，处在菩萨众中，须生随念彼等功德之胜而礼。语礼者，即“各以一切”等一颂，当观自己一一身有无量头，一一头中有无量舌，一一舌中出无量妙音声，赞佛功德。海者，言极多意。二于供养支中，有上供养者，“以诸最胜”等二颂是。妙华者，谓人天上妙奇花。鬘者，用各种散花配合连缀而成。此二者，或系实花，或系仿造。伎乐者，有弦器等之音也。涂香者，谓妙香泥是。最胜伞盖者，即盖中之殊胜者是。灯者，谓香油等灯，及能放光之宝珠等。烧香者，指和合或纯一之香料。最胜衣服者，乃衣中之华美者是。最胜香者，谓能放香气遍满三千世界之香所掺合之香水是。末香者，香粉也，亦可燃烧。以此堆积，造成坛场，更加彩画，量等须弥者是。次无上供养者，“我以广大”等一颂是。其有上者即世间之供物，此乃菩萨等以神力变成者。此中后二句，凡上二所陈，有欠缺者，一切加之，此是显示礼敬供养等之心与境故。三忏罪支者，“我昔所造”等一颂是。依三毒为因，以身等三为根事（根谓依身口意为发业之根门，事即三门所造十不善道）。其罪性者，谓由我造。此中复分我亲身正所造作，或教他作，或随喜他作，如是一切，尽其所有，总集忏洗，追念过失，生愧悔心，断绝后流，精勤防护，誓当火之。四随喜支者，“十方一切”等一颂是。于五类有情所有善业，皆生起随喜之心。五请转法轮支者，“十方所有”等一颂是。十方刹土一切诸佛，最初证得大菩提时，我愿化身如彼数量，尽其所有，一一佛前悉皆殷勤劝请说法。六请住世支者，“诸佛若欲”等一颂是。十方诸佛，将欲示现般涅槃时，为令众生获得利益安乐故，请求诸佛住刹尘劫，莫入涅槃。七回向支者，“所有礼赞”等一颂是。以前六支，所积一切善根，皆悉回向一切有情，为作证得菩提之因。以猛利欲乐而为祝愿，令其无尽。如此依上诸颂，了解其义，如说思修，心不散乱，缓缓念诵，当得无量福德之聚。又礼敬供养请法劝住随喜等五支，即是积集资粮，忏悔支是净除业障，随喜支中，复有一分对自所修善生随喜心，令其增长。回向支者，即将所积所净所增长诸善，虽极微少，回成众多。现所受乐，虽将终尽，亦能令其绵延无穷，总可合为积资净障增长无尽之三种。六于所缘境，观想明晰，而献坛供，请求加被，愿灭除不敬善知识等一切颠倒心，速疾生起恭敬善知识等正清净心，摧伏一切内外障难，须以猛利欲乐，多次祈求焉。

【科】己二　正行如何

庚初　总修持法

所谓修道者，即于善所缘，如欲而能令心安住之谓。若于所缘随意修习，依自己所想之数目与次第而修者，从初即养成任意之习惯，将至一世之善行无成，反成有过。故最初无论修习何种所缘，应决定其数目与次第，此后应起猛利坚固之心，以自克服，务令如其所预定者而修。于此定课，不得轻易增减，随时变更，须具足正念正知而修习之。

【科】庚二　此中修法

先修依止之胜利，及不依止之过患。次多起防护，绝不放任，令有寻求师过之心，尽我自己所知师之戒定等德，数数思惟，乃至净信未生以来，恒修习之。此后又念于己已作当作种种利益之恩德，如前所引经说，乃至心中恭敬未生之间，而修习之。

【科】己三　于完结时如何

所积诸善，由普贤行愿，或净愿七十颂等，于现在究竟诸所应希愿处，以猛利欲乐而回向之。如是每日上午、下午、初夜、后夜四次修习。初修之时，如其太久，易为沉掉所扰，若于此串习，将来纠正甚难，故须时间短少，次数增多，稍留余趣，俾引起下次欲修之心。否者将一见座位，便生厌呕，必待修习稍熟，乃可渐次延增。于一切所缘，务令不急不缓，离过而修，则障碍鲜少，疲劳昏沉等皆能息灭也。

【科】戊二　未修中间如何

总而言之，礼拜、经行、念诵等等虽有多门，其主要者，若仅于正修时精进，未修间则于其所修法不住念知、多诸散乱者，则生效甚微。故虽未修之际，亦应读诵观览关于此类之教法，并数数忆念之，广修助道顺缘，勤忏障道罪垢。且于一切之根本，即本所受之戒，宜善护持。复于易生止观之四因而修习焉。四因之中，初守护根门者，谓依于根尘生六识已，再于识所了别之悦意六境及不悦意六境，生贪瞋时，当好自防护莫令生起。次正知而行者，《入行论》云："身心于时时，应数数观察，专务于此者，即护正知相。"此谓身等于彼彼事转时，须依正所了知之应作不应作而行。三于食知量者，改正过多过少违量而食之串习，总以无碍修善为度。又修于食爱著之过患，以无染心及为饶益施者，并念身中诸虫，现以食物摄受，俾未来世亦得以法而摄化之。又念为作一切有情义利而受此食。《亲友书》云："受餐如服药，知量去贪瞋，不为肥骄傲，但欲任持身。"四勤行惜寤瑜伽及睡眠时应如何者，《亲友书》云："精勤度永日，及初后夜分，眠梦犹存念，勿使命虚终。"谓昼间永日，及夜之初后二分，是正修时。若修习之余，在经行宴坐中，应除五盖，令其具义利也。睡眠者，系休息时，虽然，亦勿令其无义空过。此中身之威仪者，于中夜时，右胁而卧，左腿压右上，如狮眠伏，安住正念，于昼日中所修何种善法，随熏习力强者，而系念之。乃至未睡之间，追随依止，如是虽睡还同未睡，亦能修习定等善行。惑起觉知者，依忆念之力，任起何种烦恼，即须了知，而不忍受，务令伏断。思惟起想者，先可预想至彼许时当起。

如上所言之一切修法，唯除正行中之少分不共者外，余之加行正行完结及座隙等中当如何作者。自此段起，乃至修观以来，无论修习何种所缘行相，于一切处皆应加入焉。

【科】丁二　明二种修破妄分别

《庄严经论》云："初依闻起如理思，从如理思净慧生。"言从于所闻诸义，如理作意中，而生显现通达真实谛理之修所成慧也，《现观庄严论》亦云："随顺抉择分，于见道修道，数数而思惟，现及比修道。"此言大乘圣所修道，有数数思惟，现量比知也。《集菩萨学论》亦云："如是身及受用福德，常无间断，于舍护净长，如其所应而修习之。"此言身受用善根三者，于一一中，须修舍护净长四法。所言修中，有以分别慧观察而修观，及以不分别专一安住而修止之二种也。若尔，何道为修观？何道为修止耶？曰：如对善知识修信心，及暇满大义难得，念死无常、业果、流转过患、发菩提心等，皆须修观。盖于此等段落，各须一般重无间能转素常思想之心，彼若无者，则此等之反面如不敬等，不能灭故。于此不敬等心生起时，若数数分别观察而修，则能自作主宰。譬之于贪境增益可爱之相而多所修习，当起猛利贪著，若于怨敌多思其不可爱相，亦能生起猛利瞋恚。以是之故，修习此类道时，于诸境相，若显不显，心须执持殷重无间之观察而修也。倘心不能摄住于一所缘，为令如欲堪能安住之寂止时，若数数观察，则心不能住，故于是处，则须修止也。或不了解如是道理，谓黠慧者唯当修观，诸姑萨黎应唯修止，此说非也。彼二种人，一一皆须双修止观，虽属黠慧，亦须修止，纵是姑萨黎，亦须于善知识修猛利信等故。又有误认以分别慧数数观察，唯当限于闻思之时，若求修慧，则不应尔，此执非理。

彼以为一切分别皆是执相，为成佛之障碍，是于非理作意之执实分别、与如理作意之正分别二种，未能辨别之过也。亦莫执谓此教授中须修心于一所缘如欲能住之无分别三摩地，于前若多观修，将为三摩地生起之碍。譬如善治金银之黠慧锻师，若将金银数数于火烧之，于水洗之，令彼垢秽悉净，最极调柔随顺，次乃能制耳环等饰具，如欲可成。如于昔之烦恼随惑及恶行等，以修习黑业果及世间过患时所说，由分别慧数数观察彼之过患，令心周遍热恼，作意厌离，如金在火，烧彼诸垢，又于善知识之功德，及暇满大义、三宝功德、并白业果、菩提心之胜利等，以分别慧数数观察，即能令心润泽，引生信敬，如金在水洗，于诸白晶，令意趣向爱乐也。如是成已，随欲修止修观，但稍作意，不假多功，即可成就。如是修观，实为修五分别三摩地之胜方便，圣者无著亦如是说。复次，能使心于所缘坚固安住之主要违缘者，即是沉掉二种心所。若有猛利无间念三宝等功德之心，则易断昏沉，以彼之对治，盖见功德则心生欢喜而高举。又若有猛利无间念死无当及苦等过患之心，则易断掉举，以掉为贪一分所摄之散乱心，彼之对治，即多种经中所赞之厌离心是也。

【科】乙二　得依止已修心之次第如何

丙初　于有暇身劝受心要

丁初　正明暇满

戊初　明闲暇

《摄功德宝》云："以戒能断多世畜生苦，及八无暇而得闲暇身。"八无暇者，谓无四众所游履之边地、及顽嚣聋哑等支分残缺之诸根不全执，无前世后世业果三宝等之邪见，并无佛出世致无教法时代，兹四者为人中之无暇，三恶趣及长寿天者乃非人之无暇也。长寿天者，《亲友书注》中释为无想及无色二，初即四禅广果天之一分，后即生五色界之异生是也。《八无暇论》中以欲事常散乱之欲天，亦说为长寿天也。

【科】戊二　明圆满

分自、他圆满五者，如云："人性中生诸根全，不堕边业胜处信。"中生者，谓生在有佛四众弟子游行之区域。根全者，谓非顽哑盲聋，具足肢节眼耳等也。不堕边业者，未自造无间罪或教他造也。于胜处净信者，对于能生世出世间一切白法处之善说法律而生正信。此法律统指三藏圣教而言。此五属于自身，以是修法之顺缘故，名自圆满也。他圆满五者，如云"佛出说正法，教住及随转，他心所悲愍。"佛出世者，谓经三无数劫积资粮已，来成等正觉。说正法者，或佛或佛之声闻弟子说法也。教法住者，既成佛竟，并说正法，乃至未般涅槃之间，修行现证胜义法，未坏灭也。法住随转者，谓以自证法，对诸众生见有能现证正法者，如其所证令彼得证，于教随转也。他所悲愍者，谓有施主给施法服等。此五是属于他人所有之法缘，故谓之他圆满也。

【科】丁二　思惟义大

若不起一为究竟利乐故修清净法之心者，仅于现世未死之间，除苦修乐而为精勤，则傍生亦有之，虽居善趣，傍生何异？然修大乘道者，必须得一如上所说暇满之身，如《与弟子书》云："欲成佛道度众生，具大心力惟人能，天龙修罗金翅蟒，神仙余趣皆不及。"复次，虽有一类昔于人中修道习气浓厚之欲天，亦能见四谛理，然上界身则定无初得圣道者。欲天多数亦如前说为无暇处，故能修人初圣道之身，以人为最胜也。又北俱卢洲不堪受持戒律，较余三洲之身为劣，而三洲中尤以赡部洲人为可赞焉。以是当念我得如此贤妙之身，何故令其无果？若竟令无果者，乃自欺自弃，更有何事可耻而重于此耶？昔于恶趣众多无暇处之险道盘旋流转，今偶一次得脱，若将此身无益弃舍，仍还彼三途中者，岂其以咒迷乱令我成无心者哉！当如是数数修习之。《入行论》云："得如是闲暇，而我不修善，岂更有余者，较此尤愚迷。"又云："难得有益身，由何而获得，如我具知已，后仍堕地狱。如为咒所迷，于此我无心，我何其愚鲁，何物住我心。”如是非仅观待究竟有大义利，当思即对于现近善趣身及受用眷属圆满之因，修施戒忍等，亦须依于此身，乃易修习之。若既得此具有大义之身，而不昼夜于彼现未二世善因努力者，则如既至宝洲空手而返，岂不哀哉！

【科】丁三　思惟难得

《戒经》云:“人死之后，堕恶趣者，多如大地土，生乐趣者，少如爪上尘。”此谓人身为善恶二趣中之最极难得者。彼何故如此难得耶？如《四百颂》云:“人中大多数，执持不善品，以是诸异生，多定趣恶趣。”此谓人等多数造十恶业，以是而堕恶趣故。复次，于菩萨前若起瞋恚，随其一一刹那，须经一一劫数处无间狱，而此身中现有从多生所积集之诸罪，既然尚未受果，又未加以对治坏灭，必须多劫处于恶趣，此何待言？若能忏除旧恶，防止新造，则生善趣，不足为难。然能如此作者，实为极稀有耳。倘不如是作，则一堕恶趣，便不能作善，恒造诸恶，于多劫间，虽乐趣之名亦不得而闻，此《入行论》中所说也。又博朵瓦云：“如某庄丽之第，为仇所劫，经久颓败，有一老者，因此深怀痛惜，忽闻人言，彼第失而复得，虽无行走之堪能，杖矛徐至，喜曰：此第之得非为梦耶？”于此获得暇满，当如彼之欢喜而修法也。如是之心，于未生得时，当须修之。又若于有暇身，欲生起一具足，求受心要之念者，须思惟四法：一须修法者，思一切众生唯是求乐而思离苦，然真能得乐离苦者，亦唯有修行正法，乃得自在故；二我能修者，既具足外缘，有善知识，亦具内缘，已得暇满故；三于今生即须修持者，今生若不修，众多生中暇满难得故；四现时即须修持者，何日当死，漫无定期故。此中第三者，能灭向后推诸他生再修之懈怠。第四者，能灭是念，谓虽当于此生中修，而来年来月尚可修等之懈怠也。设将此二摄为速修，则作三法亦可。念死一事，虽亦与此有关，恐繁且止，于下当说。如是为欲转变心故，如上所说，由种种门而思惟之。若未能者，则可观察如何是暇满自性，及于现近与究竟门中义利重大，并从因果门中思惟难得，如何逗机，即于前所说中取而修之。彼中因门难得者，谓就总而论，但能得一乐趣，亦须作戒等一种净善，若特别欲得具足暇满者，则须以净戒为根本，施等为助伴，以无垢愿欲为结合彼等之众多善根焉。修如此因者，颇为稀少，事实甚明，由是推之，可知就乐趣果若总若别而观，此闲暇均为难得也。果门难得者，对于异类诸恶趣观之，但属乐趣已较为少有，即就同类乐趣而观，特胜之闲暇者，则尤为宝贵。此如格西多把云："若于此殷重修习，其余诸法，皆能由此引生。"故应勉焉。

卷二

【科】丙二　正取心要之法如何

丁初　于道总建立生起决定

戊初　三士之道摄一切圣教之理

一切佛陀，从初发心，中积资粮，最后现证正遍知觉，是皆惟为饶益有情，故说一切法，亦唯为成就有情义利。如是所作有情义利略有二种，即于世间之权时现前上善、与出世间之究竟决定善也。依初所作所说一切，于正下士或共下士法类中摄。下士特别之处不为今世现前安乐，重在希求舍生之后善趣圆满，以其修作彼之因故。如《道炬》云："若以正方便，惟于人天乐，欲求自利者，知彼为下士。"究竟决定善，有惟从流转出离解脱及修一切种智二种。此中依于声闻及独觉乘所说一切，于正中士或共中士法类中摄。中士夫者，于一切有发生厌离，专求自利，从有解脱彼之方便，于戒定慧三学转趣入故。如《道炬》云："背于三有乐，反罪业为体，仅求自寂利，说名中士夫。"修行一切种智方便亦有二种，谓波罗蜜多大乘与金刚乘也。此二皆于上士所有法类中摄。上士夫者，惟彼大悲之所自在，欲尽一切有情苦故，以佛为其所得之果，以六度行及二次第为所修学。如《道炬》云："若以自系苦，普例于他苦，希起正断尽，斯名胜士夫。"彼士夫修菩提之方便。显密二种，于下当说。三士之名，如《摄抉择分》及《俱舍释》等处处广说。下士夫中，虽有希求现世后世二种差别，当知此处，惟取第二，复取安住善趣方便无错乱者。

【科】戊二　显示从三士门次第引导之相

己初　必由三士道引导之意义

如是虽说士夫有三，然上士道亦摄余二，以彼二者为大乘道之支分故，此马鸣菩萨所说。此间非于仅得世间快乐之下士，及唯得解脱世间之中士道中而为引导。盖为将修与彼二所共同道之上士作引导前行，是为修习上士道之支分耳。

【科】己二　如是次第引导之相

庚初　正明其相

趣入大乘之门者，即于最胜菩提发心是。若发此心，如《入行论》云："刹那才发菩提心，虽系轮回三界狱，亦当说为善逝子。"谓发心即得菩萨名，彼身即入大乘数，若失此心，则从大乘而退出故。以是诸欲人大乘者，须于多门励力，务令此心发起。然欲发起此心，又必须先修发心胜利，于其胜利增长勇悍，并须具有七支皈依，《集菩萨学论》及《入行论》皆作此说。如是所说胜利，略有二种，谓权时及究竟胜利也。初中复有不堕恶道及生乐趣二种胜利，若发此心，于昔积集恶趣之因即得清净，并能断绝未来相续。于先已集乐趣之因，以有此心所摄持故，将更增长广大，诸新所作亦能引起，令无终尽之边际焉。究竟胜利者，解脱及正遍知等，亦依此心速疾成就。若不先于权时究竟之胜利实欲证得，但云彼诸胜利从发心出生，于彼发心应当励力，虽作此说，惟是空言，返观身心，甚为明晰。此中先于现上决定二种胜利发欲得心，即须修习共中下士所有意乐，如是则于二种胜利生起欲得。若修此具有胜利之心者，更须生起为此心根本之慈与悲悯。但若念及自身之乐乏苦逼，流转世间，尚不能令身毛竖动者，则于他之乐乏苦逼，而谓不能堪忍，必无是处。《入行论》云："于利有情前，且不思自苦，若梦犹未梦，利他云何生。"是故于下士时，想自身当受恶趣苦恼，及中士时，观于善趣亦惟是苦，无寂灭乐。既思惟已，例己推及于诸亲属等一切有情而修习之，当成发起慈悲之因，从彼发起菩提心故。故修共同下中意乐者，实是引发无伪菩提心之方便。如是当知，于修彼二士道时，思惟皈依业果诸意乐等；于诸门中，集净励力者，如其所应，成菩提心前行修心之方便。当知七支皈依等，亦即为发起此心之方便也。此中诸下中法类，为引发胜菩提心支分之理，为师者须详开示，弟子亦须于彼获得决定。于每修时，忆念此诸意义而修，最为切要。若不尔者，则上士之道与共中下士道，各各不相关涉，于未至正上士道之中间，以于菩提心未获决定故，或为发起彼心之障碍，或于其间失大义利，以故于此当加殷重。如是修已，于身心中如何方能发起无伪菩提之心，如所应作。次为令彼心极坚固故，由行不共皈依为前导已，应受发菩提愿心仪轨。受彼愿已，于诸菩萨学处开始修学。尔后于六度四摄等多修习欲学之心。若生决定欲学心已，进受清净菩萨行戒。次于根本重罪拼命防护，莫令有染，虽中下缠及诸恶作，亦应励力，莫为所污。倘有所犯，如其所说除罪仪轨善为净治。此后总于六度而为修学，特别为令其心于善所缘如其所欲能安住故，于止体之静虑中更当修学。《道炬论》中谓为引发诸神通故而学止者，是少分喻，即阿底峡尊者亦曾于余处说，为欲引发胜观故当修止也。次为断二我执缚故，于空性义见决定已，于无谬修法而为修习，应当修行慧体胜观也。如是除修止观外于行戒学处以下悉为戒学，奢摩他者是为心学，毗钵舍那者是为慧学，此《道炬释》中说也。

复次，奢摩他以下，是为方便分及福德之资粮，依于世俗谛之道，广大道次第也。三种殊胜慧者，是为般若分及智慧之资粮，依于胜义谛，甚深道次第故。当于彼等次第数目生决定，及以慧与方便随离一支不成菩提，应起大决定也。以如是共道修身心已，必须转入密乘，以入于彼速当圆满二资粮故。设于此处不胜其任，或种性微劣而不喜者，则应唯于此道次第渐增广之。若其欲入金刚乘者，首须修依止善知识法，较前尤为郑重。次以从清净密部所出灌顶法成熟身已，于彼时所得之密戒及三昧耶，拼命守护。特于根本罪毋使有染，盖虽可重受，然身毁已，功德难生。诸支分罪，亦毋染犯，设有所犯，亦勿随意置而不虑，当以悔除防护令其清净。尔后或于下部有相瑜伽，或于上部生起瑜伽，随于一中而为引导，次或于下部无相瑜伽，或于上部满次瑜伽，随于其一而修学之。如斯次第之建立者，乃《道炬论》所说，故菩提道次第亦作如是引导也。

【科】庚二　明其要义

若下中士夫诸法品类即是上士之前引导者，是即上士夫之道次第矣，何须复名为共下中之道次第耶？曰:所以于三士夫须各各分别而引导者，要义有二:一为摧伏犹未发生共同中下士夫之心者，即妄自称我是上士之我慢；二为于上中下三等根机作大饶益也。言大益者，谓因上中二种士夫，亦须希求善趣解脱，故对所导之上中二种补特伽罗，示以中下二种意乐令其修习，此无过失，而生功德故。若是下劣补特伽罗者，虽修上法品类，亦必不生上品意乐，而下品复弃，则上中下道功德胜利，将俱无所得矣。复次，于具上堪能者，示所共道以令修习，对于彼等自所应修诸功德法，若已生者则能摄持，或虽未生，亦能速疾发起，下下发已，导入上上，于共自乘，并无延滞也。发心须依次第者，《总持自在王所问经》中，以黠慧宝师次第修净摩尼宝喻合义而为教示。龙猛菩萨亦作是说：“初修增上生，后起决定胜，以得增上故，次决定胜成。”此说于现上决定善，须以次第而引导也。圣者无著亦曰:“又诸菩萨，于诸有情，先审观察，知劣慧者，为说浅法，随转粗近教授教诫。知中慧者，为说中法，随转处中教授教诫。知广慧者，为说深法，随转幽微教授教诫。令其渐次修习善品，是名菩萨于诸有情渐次利行。”又圣者提婆于《摄行炬论》中，成立先于波罗蜜多乘之意乐，既修习已，次转入密，须具次第，摄彼义云：“诸初业有情，若转趣胜义，佛说此方便，如梯之渐次。”

【科】丁二　正明受持心要之方法

戊初　与下士所共修心之道次第

己初　正修下士意乐

庚初　发生希求后世义利之心

辛初　思此世不久住起念死心

壬初　不修念死之过患

今后当死之一念，虽尽人皆有，然以于日日中，每念今日不死，今日又不死，则心将执于不死之一面，若不作意放彼对治，而为如是心所障蔽，随起久住此世之心，便觉现前一切皆为需要，专务于求此世乐、除此世苦之方便，于后世及解脱成佛等大事，不加观察，心不入道。纵或闻思修，然以趋重今世之故，任作何善，其力定然薄弱，且必渗和恶行咎戾而转，其不杂恶趣之因者鲜矣。纵使缘及后世思欲进修，亦必不能灭除推延之懈怠，及睡眠昏沉喧杂饮食等事，纷扰度时，不能精进如理而修焉。又不特此也，为求现世圆满故，烦恼及其所引之诸恶行等，渐渐增长。背甘露法，引入恶趣，孰有甚于斯之不善耶《四百颂》云："三世自在主，自来作死缘，而我犹安卧，不善孰胜斯。"又《入行论》云："须舍一切去，于此自不知，为亲非亲故，而造种种罪。"

【科】壬二　修习之胜利

若生一真实念死之心，且如若知我今日明日定死，稍知法者，即见亲等无可共住，遂能遮制于彼爱著，并任运生起从施等门而取心要。且能见及为利养恭敬等之世间法而致力者，一切皆无坚实。遮诸恶行，积集皈戒等善业。自身既得胜妙之位，亦能接引诸余有情，于彼安置，更有何事较此为重者哉！诸经于此念死之心，曾以多种譬喻而为称赞，如《大涅槃经》云："诸田业中秋耕胜，一切迹中象迹胜，一切想中无常及死想是为最胜。"以由此能除遣三界贪著、无明、我慢故。复以为顿能摧坏一切烦恼恶业之锤，顿能成就一切善妙之门等，而称叹之。总之，能有修行之机会，唯是得此殊胜之身时。我辈长劫处于恶趣，虽偶一得生人天，亦多无暇，不得修法，纵或一次得堪修之身，而亦不能如理修法者，盖为住此今日不死之想耳。心执不死者，乃一切衰损之门，念死者，乃一切圆满之门也。是故莫执此为诸无余深法可修者之所行，或虽为应修，唯宜初时略为修习，非恒常之所修也。应于初中后三皆必须修此法之理，起决定解而修习之。

【科】壬三　发何种念死心

若以亲等当离而生怖者，是乃常人之心，此处非为生起彼心也。若尔云何谓由烦恼业所受之身，终不免死，仅于此生怖，暂时亦不能遮止。须念恶趣之因未灭，现上决定善因未修，此当畏死也，若于此兴怖，则能起修，死时无恐。若不修此义，总于流转不能解脱，别于恶趣或将沉坠，死时追悔热恼而已。

【科】壬四　修念死之法

应从三种根本、九种因相、三种决定之门而修习之。

【科】癸初　思惟定死

子初　思惟死王必来、任何法不能免

任所受为何身、所住为何地、随在何时，皆为死王所坏。此无常集中所言也。死王若来，纵以迅速腾跃极大势力财物咒药无能逃避，此《教授国王经》中说也。迦马巴云：现在即须畏死，死时不须怖恼。我辈则与此相违，现在不畏，临死乃以手椎胸焉。

【科】子二　思寿无增而有减

如《入胎经》说，寿量百年者稀矣，纵然能到此边际，亦于彼之中间，年为月、月为日、日为昼夜而尽之，每一昼夜仍为上午下午等而使之尽。寿之总量，去日已多，所余亦无增，且无间而减故。《入行论》云："昼夜无有住，此寿常灭坏，无有余可增，我岂能不死。"又如织师织布，及被杀之牲牵赴杀场，步步逼近，与牛为牧儿所使，不能自在，被驱入住处等，多喻为门而思惟之。如《大戏乐经》

云："三有无常同秋云，众生生死等观戏，众生寿行似空电，如崖瀑流疾疾行。"以此种种譬喻而诠显之。盖于心内明了者，外一切物无不示现无常。以是从多门中，屡次思惟，生起决定，若仅修少次，心则难生，殊无所益。如迦马巴云："汝言思而不生，汝于何时思耶　昼日散乱，夜间睡眠，汝勿说妄语。"吾人非但寿尽始为死王所坏，而往他世，即于现生存在之间，亦皆是不住之时，盖自入胎以来，无一刹那暂停而不向后趣者。虽于中间稍得存活，亦唯为老病死者引赴死所而行。故不应于此存活之际，认为不趣后世，而得安任，辄生欢喜。譬如从高崖坠时，于其中间尚未至地之际，不应喜也。《四百颂注》中引云："人之勇识如初夜，若于世间住胎已，从此彼于日月中，无少止憩而趣死。"

【科】子三　思惟虽存在时亦无修法之暇而死必决定

纵能至彼许之寿算，亦无有余暇修行，如《入胎经》言，初婴儿时，于十岁内，未获修法之意乐；垂老之二十年，无修法之气力；中时亦为睡眠耗去一半，复以病等耗去多时，仅少许光阴可修法耳。如是现生一切圆满，当思皆同作梦，于临死时，仅成一种意境。死仇既其必来，胡为现世之心所欺而犹喜耶？应于必须修法，生起决定，多为誓愿。《本生经》云："噫嘻世间惑，匪坚不可乐，此夜开花会，亦当成念境。"

【科】癸二　思死无定期

今日以后百年以前，死王必来，然于此未来之中间，究竟何日当到，亦无决定。即如今日死与不死，亦不能定。虽然，心则须执于死之一面，发起今日必死之心。若想今日不死，则心必执于不死之一面，力谋此身久住之准备，不修后世之资粮，于其中间，终为死王所缚，则怀忧而死焉。若于日日中常为死备，则便多作后世义利，设或不死，修善固佳，若即死者，尤属正当所需要也。

【科】子初　思赡部洲人寿无定故死期亦无定

总而言之，北俱卢洲寿量决定，余虽于自类寿量不能决定，然亦大多有定，而赡部洲者则极无定也。劫初寿有无量岁者，将来十岁即为长寿之最大限量，即如现时，于老壮少间，何时当死，皆无定准。《俱舍》云："此间寿难定，末十初无量。"将诸师友等，未满天年，忽遇内外死缘，奄然命过者，而为作意，如是我亦不免，数数思之。

【科】子二　思死缘甚多活缘甚少

于此生命，有情无情之损害甚多。谓人与非人魔类之所害，各种畜生之所吞噬，内诸疾病，外诸大种之侵凌，而细思之。复次自身者，内四大种之所成，彼等亦互为克损，此大种界稍失调和而增减者，即有病生，能夺寿命。彼等与自俱生，故于身命，有似坚实，无可保信。《涅槃经》云："修死想者，当知此生寿命，恒为多，数仇怨围绕，刹那刹那，念念损坏，全无为作增长者也。"《宝鬘论》亦云:"人住死缘内，如灯在风中。"故虽在生时，仍恒常无间趋于死地，自谓生缘多，实不可保信。如论又云:"死缘者甚多，生缘唯少许，虽生常趋死，故当勤修法。"

【科】子三　思身危脆故死无定期

人身如水泡，最极微劣，无须重大损害，但以一荆棘刺之，便可摧坏身命，诸余死缘毁之亦易。《亲友书》云："大地迷卢海，七日出烧燃，况此微脆躯，那不成煨烬？"如是思已，死王何时当坏身命，既无定期，趁兹有暇，应决定即从现在须勤修佛法。喜乍迦打米者云："国主如是假借身，未病未老安乐住，即此时中修心要，于老病死作无畏，若时老病衰苦来，尔时虽念有何用！"三根本中最扼要者，即思死期无定，故于此当勉力修之。

【科】癸三　思帷死时除佛法外余皆无益

若见及此身定须趋于后世，尔时虽极怜爱之亲友围绕，无一能留住；虽尽其所有悦意之财聚，一微尘许不能携去；即与生俱有之自身骨肉，亦须弃舍，何况其他！由此三种因相，应知此身一切圆满，决定终当舍离于我，我亦有终当舍离彼等而趣他世之一日。须念今日即是彼日，故应决定不为眷属身命受用等缘所转，而专修佛法焉。此心虽难发生，然为入道之根本，故有励力思察之必要。博朵瓦云："我能除现世之荣耀者，即修此无常。此既能遣除亲眷资具等现前一世荣贵之爱著，又知惟己一身更无二伴同趋后世，便念除佛法外，更无一事可作者，心不贪于现世，无常之观乃生，故于此心未生以来，即是障隔一切佛法之道也。"多巴云："集资净障，对于本尊本师启白祈祷勇悍殷勤，数数思惟，纵经百年不生，亦如是修。然有为之法，必不恒常安住，何由不能生起耶！"又有人欲改修所缘境，以问迦马巴，但迦马巴仍教如前，若问余者，则答不知。

如是若依止善知识与暇满无常等诸法品类，凡经论中所有者，于彼彼等皆可了知，取而修习焉，则易得佛之密意，其余法类，亦当如是了知。

【科】辛二　思后世二趣苦乐如何

如是决定速死，此生无暇，不能久住，死后复非断灭而复受生，所受之生不能出乎苦乐二趣，彼亦非能自主，当为业所自在之故，以任白黑业之所牵引而受生焉。如是想念，我若生于恶趣，我将如何？则宜思恶趣之苦也。龙猛云："镇日须忆念，极寒热地狱，亦当念饥渴，逼迫诸鬼趣，多愚苦傍生，当视当忆念，断恶修乐因，难得赡部身，得时于恶因，当励力断尽。"彼中总于流转，特于恶趣之苦而修习之，最为重要。谓若思惟堕此苦海者，则心生厌离，遮止傲慢。及见苦是不善之果，于其罪恶深生羞耻，由不欲苦而希安乐，又见乐为善果，喜修诸善。复自观察，据己力量，随于他所发起悲心，于流转中心生厌离，而求解脱。又以怖苦故，则能殷重皈依等事，为众多修行心要之大总聚也。彼苦之功德，《入行论》中虽就自身已有之苦而说，然于未来当受之苦，亦应如是思。

【科】壬初　思地狱苦

癸初　大有情地狱

由此地下越三万二千瑜缮那下，有等活狱，彼下每隔四千瑜缮那，递次复有余七也。如是八中，初等活狱者，谓彼有情，多共聚集，业增上故，种种苦具，次第而起，更相残害，闷绝躃地。次虚空中发大声曰：汝诸有情可还等活。彼诸有情欻然复起，复由如前所说苦具更相残害，由此因缘，长时受苦。二黑绳狱者，谓彼有情，多分为诸所摄狱卒，以黑绳拼之，作四方等多种文像，即于其上以锯解之。三众合狱者，谓彼有情，同处集时，为诸所摄狱卒，驱逼令入如羺头等两铁山间，彼既入已，两山迫之，既被迫已，一切窍门血便流注。四号叫狱者，谓彼有情，寻求舍宅，便入大铁室中，彼才入已，即便火起，由此烧然。五大号叫狱者，与前相同，其差别者，此为二层铁室也。六烧热狱者，谓彼所摄狱卒，以诸有情，置极热烧然多瑜缮那大铁鏊上，犹如炙鱼，复以炽然铁串从下贯之，彻顶而出，由口目鼻耳两两孔中，及一切毛孔，胥皆焰起。复以有情或覆或仰，置于炽然大铁地上，以极炽然大铁椎棒，或为击打，或筑捣之。七极烧热狱者，谓以三支铁串从下贯之，彻其两膊及顶而出。由此因缘，于口等诸门猛焰流出。又以烧然极热铁鍱遍裹其身，倒掷于炽然灰水满铁镬中而煎煮之，上下漂转，涌沸而行，待皮肉血皆销烂已，唯留骨琐存在之时，寻复漉之，置铁地上，令其皮肉血脉复生，还置镬中，余如烧热狱说。八无间狱者，谓从东方多百瑜缮那，周遍烧然大铁地上，有猛炽火腾焰而来，于彼有情，皮肉筋骨，如次坏已，以彻其髓，烧如脂烛，一切身分，遍成猛焰。所余三方，亦复无所间缺。如是四方火来，和杂聚集，领受是苦。惟以发叫受苦之声，乃知彼猛火中尚有有情存在而已。又于铁箕盛满最极烧然铁炭而簸揃之，复置热铁地上，令登大热铁山，逼其上下。从其口中，拔出其舌，以百铁钉钉而张之，令无皱褶，如张牛皮，复更仰置热铁地上，以大铁钳而开其口，以热铁丸置其口中，灌以烊铜，烧口及喉，彻于腑脏，从下流出。其余苦况，如极热说。

如是受彼诸苦，经几许量。如《亲友书》云："如是最极剧烈苦，纵然经百俱胝岁，倘其恶业犹未尽，彼于诸苦不能离。"又于人中五十年为四大王众之一日，此三十日为月，此十二月为年之五百年，是四大王众之寿量。以此全量为一日，此三十日为月，此十二月为年之五百年，乃等活地狱之寿量也。如是人中百年二百年四百年八百年千六百年者，如其次第是三十三天至他化自在天之一日也。其寿量者，天之千年二千年四千年八千年万六千年也。彼等如其次第是从黑绳至烧热各各之一日，能至其各各自年之从千年至万六千年也。极烧热者半中劫，无间者能至一中劫。此如《俱舍》及《本地分》中详说也。

【科】癸二　近边地狱

彼八地狱各有四岸四门，彼等之外，铁城围绕，彼城亦有四门，于彼一一门外，有四四增上有情地狱，谓煻煨堑、尸粪泥、刀刃道等及无极大河也。彼中初者，有陷膝许之火灰，彼诸有情，出求宅舍而过彼者，放足之时，皮及肉血悉皆销烂，举时则皮肉等复生也。第二者与彼邻近，有臭如尸之粪泥，诸觅舍有情过时，倒擗其中，首足俱没。泥中有虫，名曰利嘴，彼等穿皮入肉，断筋破骨，取髓而食。第三者，与彼相邻，有刀刃仰布之道，诸寻舍有情，行至于此，下足之时皮肉筋血悉皆烂坏，举则复生也。与彼相近，有剑叶林，彼诸有情为求宅舍经过于此，才依阴住，剑叶堕落，砍截支节，彼等擗已，诸獒犬来，掣背而食也。又彼邻近，有铁刺林，觅舍有情，于彼行时，即便登林，登时刺锋下向，下时则上承也，以是等刺，割截支节。又有大鸟名曰铁嘴，来集于肩或住其顶，啄睛而食之。以上同是器械所损恼，故合为一也。第四者于铁刺相邻，有无极河，灰水腾沸，充满其中，求舍有情，于彼堕已，上下游煮，犹如豆等煮于沸水之大镬。于河两岸，有诸执持棍钩网者，排列而住，不容得出。又复持钩网取出，仰置炽然大地，问何所欲。彼若答曰：我今无知无见，唯是饥渴，便以炽焰铁丸腾沸烊铜灌其口中。《本地分》中说近边与孤独二者寿量无定，然若应受彼等苦楚之业力未尽，则当于尔许时不能得出也。

【科】癸三 寒冰地狱

于八大有情地狱平面，相距万瑜缮那处，从此三万二千瑜缮那下，有皰狱在焉。彼下二千二千瑜缮那所隔，有余七也。彼八之中，初皰者，为大风所吹，一切身分，寒缩如皰。二皰裂者，缩如已破裂之皰也。三额哳吒、四郝郝婆、五虎虎婆者，就发声而立名。六裂如青莲者，谓遭大风逼，色变瘀，裂成五破或六破也。七裂如红莲者，越青转红，裂为十分，或复更多。八裂如大红莲者，皮转极红，破为百数，或复多于彼数。是等出《本地分》中说。寿量者，以摩羯陀国盛八十斛之胡麻篅，而以胡麻高盛充满，次每百年取麻一粒，彼麻取尽无余，如斯长时而皰之寿量较之尤为远甚。下诸狱寿量，各较前前者为二十倍之递增云。

【科】癸四 孤独地狱

于热地狱寒地狱之近边有之，人世间亦有，《本地分》中说也。近大海岸亦有，如《僧护传》中所说。

生于彼等中之因者，如下所说，其生甚易。吾人于日日中积集众多，在先既有所集，今亦相续造作，于此不应安然而住，应思彼等苦果而生怖畏。盖与彼等之间隔，唯此悠悠一息耳。《入行论》云："地狱业已作，云何宴然住？"《亲友书》亦云："具罪唯以出入息，于其中隔地狱苦，若人闻已空无畏，当是金刚为自性。见画地狱及听闻，忆念读诵作形相，犹起怖畏而厌离，如何正受斯异熟。"其苦之猛烈，如《亲友书》云："一切安乐中，爱尽乐为最，一切苦莫比，无间地狱苦。人间一日中，屡刺三百槊，比地狱轻苦，毫分宁相拟。"发生如是苦之因者，当知惟是自内恶行。纵微少恶行，亦应尽其功力，勉励莫使有染。又即彼书云："如是诸恶果，种由身语意，汝勤随力护，轻尘恶勿侵。"

【科】壬二　思傍生苦

诸傍生中，其力强者而凌其弱，且为天人之资具，自无主权惟随他力，任其杀打损害。《本地分》说与人天同住，别无住处。《俱舍释》则云，彼等之根本住处为大海，诸余者乃彼之所流出耳。复次，有生于暗中或水中者，皆老死于其中，与负重疲劳及以耕耘剪毛驱使等。而杀害之法，亦有多种不同所迫恼。又由于饥渴风日所困，及猎者等于多门中而为损害，随于何时，惟念恐惧。于其诸苦恼法，当思而厌患，生起出离心，其寿量者，《俱舍》云："诸傍生，胜者长一劫。"谓寿长者可至一劫，短者则无定耳。

【科】壬三　思饿鬼苦

诸上品悭吝者，生饿鬼中，彼等皆感沚渴之苦，皮肉血脉枯如株杌，以发覆面，口甚干焦，以舌舐之。其中有三：一于饮食有外障者，彼等若驰至井泉池海诸处，为余有情手执剑矛枪等行列守护令不得取，或强取之，便见其泉变为脓血自不欲饮也；二于饮食有内障者，谓口如针孔，或口如炬，或复颈瘿，或腹宽大，纵无其他有情为遮，自得饮食，亦不能饮啖也；三于饮食自体为障者，有名猛焰鬘者，一切饮食皆为火燃而烧之。名食粪秽者，饮啖粪溺与不净臭恶，及惟能于损害下劣等物而饮啖也。又有一类割自肉食，纵得香美而不能食。彼等住处，《俱舍》谓于王舍城下，隔五百瑜缮那有之，余者皆彼中所分出。其寿量据《本地分》及《俱舍》云："人间一月为其一日，可至其自年五百岁。"《亲友书》云："恶行之业以为索，坚固缠缚诸饿鬼，其间受苦无中断，五千及万亦不死。"其疏释云，饿鬼一类寿五千岁，一类为万岁。

《本地分》说三恶趣之身量无定，以不善业力有大小种种故也。如是若思彼诸苦者，试以身手入于热灰，置一昼夜，或于严冬风吹冰窟、不著衣裙于中而住，又或一日二日断绝饮食，或于身上蜂虻螫噬，若此微事犹难忍者，念我云何能于热身地狱鬼畜诸苦而堪忍受。以今推比，乃至未生至极怖畏之间，应勤思惟。以现前贤善之身如是思者，应忏洗从前所集罪恶，止息后流，先所集善，则以猛利欲乐发愿令其增长，于新作者以多门而为趣入。又于日日中，皆使有暇之身作有义利。若现在不思彼者，堕恶趣时，虽欲求一能从彼等怖畏中作救护皈依者，亦不可得。尔时于所应作及不应作，取舍之处心无力矣。

【科】庚二　明后世乐之方便

辛初　皈依为入佛教之胜门

壬初　依何者为皈依之因

总论皈依之因，虽有多种，然此中则据上所述，今世不能久住须速死，死后随业流转不能自在，如《入行论》云："如于昏夜黑云中，电光刹那才一现。如是设以佛陀力，世间福慧少许生。以是唯有微弱善，常时罪力极暴恶。"白业力弱，黑业力强，思惟由是堕于恶趣之理，既于恶趣生起怖畏，又惟深信三宝能救，以是二心而行皈依。但若徒有言者，则皈依之效亦仅尔，若彼二种发心殷重坚固者，则其皈依必能变更心境，故应励力修此二因。

【科】壬二　依于彼因明皈依境

初正明其境，如《百五十颂》赞云："谁于一切恶，从本悉皆无，谁于一切中，住一切功德。设若有心者，于彼应皈依，赞彼恭敬彼，住彼教应理。"谓若自有能分别可皈非可皈之慧者，理应于佛薄伽梵前而行无欺诳之皈依。法及僧众，比例类推。《归依七十颂》云："佛法及僧伽，求解脱所依。"次明应可皈依之相，须自已解脱一切怖畏，又有令他解脱怖畏之方便善巧，对一切行大悲，无亲疏之分，于一切有恩无恩作义利者，是则所应皈依。然此唯佛为能，自在天等皆无斯德，故唯佛苎所皈依处。又彼教法及声闻僧众，亦是应皈依者。《摄抉择》云，于此等引生决定专一之心，而能求作依怙者，无不救护，是故应起决定之心。于二因中，虽外因无缺，然以内因至诚皈依之心不生，则唯是其苦矣。

【科】壬三　皈依之法如何

癸初　知功德

子初　佛功德

丑初　身功德

念佛相好，如《譬喻赞》云："佛身相庄严，端妙眼甘露，如秋空无云，众星而严饰，能仁具金色，法衣以严身，似于金山顶，彩云而围绕。佛虽不庄饰，面轮自圆足，彼满月离云，亦所不能及。佛口如莲花，日照而开敷，蜂见以为莲，怀犹豫而住。佛面具金色，珂白齿端姝，犹如金山峡，无垢月光入。应供右手中，轮相妙严佛，于世恐怖者，以手拔令出。能仁游行时，双足如妙莲，印画于地上，真莲无此美。"略赞如是，当忆念之。

【科】丑二　语功德

尽世界中所有有情，于一时中，各以异义而见质问。佛以一刹那心相应之慧而领摄已，即以一音答一切问，彼等亦各领知为答自语。于兹甚奇希有之德，当思念之。如《谛者品》云："此诸有情了义语，多种一时来问难，心一刹那遍了知，即以一音各答覆，如是当知佛于世，以妙梵音而宣演，度出人天诸苦厄，极善转于妙法轮。"

【科】丑三　意功德

意功德者，有智德、悲德二种。智德者，于一切所知境，如所有性，尽所有性，如观掌中庵摩罗果，悉能了知，无碍而转。一切所知，佛智能遍，除佛而外，余者则所知宽广，智狭而莫能遍也。如彼赞云："唯有以佛智，遍一切所知，除佛余一切，唯所知增上。"又云："三时所摄法，一切种相者，如持庵摩罗，佛心所行境。诸法动非动，一及种种别，如风行空中，佛心无滞碍。"悲德者，如诸有情为烦恼缚，则无自在。能仁为大悲系缚，亦无自在。若见众生有苦恼者，大悲无间相续而生。《百五十颂》云："一切众生类，惑缚无差别，为解众生缚，常为大悲系。虽知世过患，悲愿处生死，为当先礼佛，抑先礼大悲。”又如《谛者晶》云：“众生处痴暗，无明常覆心，系世间牢狱，佛见生悲愍。”应如是思惟之。

【科】丑四　事业功德

以身语意业无间而饶益一切有情，此亦就所化方面堪引度者，能仁无不令其得乐离苦，凡所应作，决定为之。如博朵瓦云，若数数思惟，信心渐增长，身心渐清净，能得加持。故得定见，诚意皈依修学学处者，其一切所作，皆成佛法。然我等对佛之智，不及信一灵验卜卦者。卦者若云，某知汝今年无忌，则心安而去。若云今年有大灾祸，此当作、此莫作者，则必励力而为。倘未能办，则思彼说我未能作，心必忧郁。佛云此及此应行，此及此不应行之制，其心依耶？若未能作，心生不安否？而反云：法中虽如彼说，但以今日地方时代之关系，彼不能作，当须如是如是作。轻舍佛语，尽自所知而为前行耳。反心内察，可知上言，洵非诬也。

以是于佛功德，数数思惟，必须励力令心引起决定。彼若生起，则于法及僧，亦起如彼之决定，是为皈依之要处。彼若无者，况云余道，即能改变意念之皈依，亦必无来处矣。

【科】子二　法功德

应敬佛之因相，此具有无边功德之佛者，从教证之法、灭道之谛，断除过失，修行功德，由修及现证而出生也。当如是念，此摄正法经之义也。

【科】子三　僧功德

主要者是诸圣补特伽罗，彼亦由念法功德，于彼如理修习门中而为忆念，是摄正法经义。

【科】癸二　知差别

如《摄抉择》中所言，由知三宝互差别已而皈依之。

【科】癸三　自誓受

誓以佛为所皈依之大师，法之涅槃为正修行，僧则为皈依之行伴。

【科】癸四　不说有余皈依处

了知内外之大师教法学徒等之胜劣已，惟皈依三宝，不皈依于与此不顺之大师等。此内外差别中，大师之差别者，佛垢净而德圆，余教之师，则与是反。如《胜出赞》云："我舍余大师，而皈佛世尊，何为皈依佛？无过具德故。"又云："于诸外道教，如如而思惟，各各细较量，我心愈信佛。其非遍智宗，以过坏其心，彼心既坏乱，不见无过佛。"

【科】壬四　皈依后应学之次第

癸初　各别学处

子初　遮止学处

《涅槃经》云："若皈依三宝，彼即正近事，则于余天等，终非所皈依。若皈依正法，应断杀害心，又皈依僧者，不共外道住。"即不皈依余诸天神及不损害有情、不与外道共住也。此中初者，纵世间威光炽盛之天及遍入等，犹非究竟之所皈依者，何况鬼类之地神及龙等哉！然此乃指于三宝舍信、于彼等倚赖者，谓为不可。非谓于彼等觅为现前如法事务之助伴，亦不可也。盖可如对施主乞作资生具之伴助，于医师希求疗病然。次谓于人畜等，以意乐或加行，作打缚禁闭穿鼻，及不堪负重强与运载诸损害事，悉应断之。第三于对三宝不信，或且诽谤者，不应随顺也。

【科】子二　奉行学处

佛之塑画形像随为何种，美恶不应讥弹，置不净处、及质当等，凡不敬重及轻毁等方便，悉当断除，应视同真佛，为可敬之田。《亲友书》云："随何等木雕佛像，诸有智者咸供养。"又如《戒经》及《杂事》所说，劫毗罗变十八头摩羯陀鱼及善和尊者貌陋声雅各宿世因缘等。又如大瑜伽者，以文殊像问阿底峡尊者曰：此像好恶若何　答云：文殊像无不好者，工稍次耳。语毕置顶。

凡于四句偈以上之法，皆当恭敬，不应质当经典，作为货物，搁置露地及污秽处，或与鞋合持，及跨越等，悉当断除，如法宝而敬焉。如善知识仅孥瓦，但见佛经，必合掌起立，后年老不能起立，亦必合掌。又如阿底峡尊者，初抵藏卫时，有一持密咒者，不从彼听法，一日见一写经人，以齿垢补经，尊者意良不忍曰：噫！不可，不可。其持咒者叹为希有，因生信心，即从尊者闻法。又夏惹瓦云：吾等于法，任何游戏亦作，然对佛法及说法人，不生恭敬，是坏智慧之因。以今之愚，亦云足矣。若较此尤愚，当何至哉！

或是僧众，或仅具出家相，亦不应呵毁及妄分彼我派别而兴仇视，应敬僧如宝焉。如《劝发增上意乐经》云："乐功德者住林下，他人过失不须视，亦不生心计我胜，及念自己为第一。此骄是诸放逸本，慎勿轻视劣苾刍，一劫不能得解脱，斯乃圣教之次第。"又格西敦巴及大瑜伽者，但见黄布碎片于所行地，则不跨越，拾取抖净置之净处。如此行仪应当随学。自能于三宝有尔许恭敬，则当感得众生对己亦起尔许恭敬故。《三昧王经》云："造作如是业，当得如是果。"

【科】癸二　共同学处

共同学处有六：第一随念三宝功德者，如前所说，内外及三宝相互之差别，与彼等之功德，数数思之；第二随念三宝大恩者，随自所生乐善，当知皆是三宝之恩，故当以报恩意乐而行供养。若供饮食而不间断者，则少用功力而圆满众多资粮。于水以上者，任何受用之先，悉应至心而供养之。夏惹瓦云：非以糕之青者，叶之黄者，当择精美者供之。茶亦不宜弹指洒空而供。喻如有田肥美，当应播种时而不播种，任其荒废。于此能生现后一切利乐之胜田，四季一切时无有间断，常可播利乐之种，当以信犁耕种福田，如经所说。若不作者，殊为可惜。于殊胜田，反不如农田之见贵，此乃我辈之不智。故于三宝供养，一切时中当精进行之。如是作者，由胜妙田生长善根之力，于诸道之次第，心力渐能开广。故于闻不能持其文，思不能解其义，修于身心不能生起，心力最微之时，但依田力，是即教授口诀也。又供不拘物，惟在自之信心，若有信者，即以坛供及水与无主物供之亦得。无余财物，当如是作。倘自有物而不能舍，但云：我以无福极贫穷，余可供物我悉无。则将如博朵瓦云：若以有垢螺碗，稍置草香，而云，旃檀冰片之香水者，乃以盲欺明也。如普穹瓦云：我初时惟有辣味之草香供养，次有四种香甜之香和合而供，今则有紫丁香兜罗脂等上妙薰香可供矣。若嫌微而不供者，则一生之中终无增进之时。若先由微细，殷重引发，渐臻胜妙，加彼所行，当修学之。后彼配香，每次以二十两金办之。于资具获得自在诸大菩萨，犹化身多亿，一一身中化百千手等，往一切刹，于诸佛所，经历多劫而行供养。则诸略有相似功德，便生喜足，而云我不求如是菩提者，是乃于法无知之漫言耳。《宝云经》云：于诸嗉怛啰中闻其所说广大供养承事，生决定后，当以殊胜增上意乐，于诸佛菩萨而回向之。第三随念大悲者，应以悲心安立诸余有情，各令随其所能，令受皈依。第四启白三宝者，凡所作事及有所需，皆应仰赖三宝，以行其与彼等相合之供养。而于与彼不顺之黑教等，及其他之世俗法，则不当依从，惟宜一切时中心依三宝耳。第五既知胜利勤修皈依，复有八聚，一入佛子数，总建立内外道之理，虽有多种，然依阿底峡及馨底巴等，则以皈依为判别，是当属于得皈依体而未舍未失者也。若尔，则最初入佛子数者，是于三宝，以至诚心认为大师、正法、良伴。此心若无，则任作何种善业，皆非佛弟子也。二诸戒之本，《俱舍注》云：诸皈依者，乃进受一切律仪之门是也。《皈依七十颂》云："近事皈依于三宝，彼是八种戒之根。"意谓以皈依而坚固涅槃之心，从此感发戒体也。三减灭诸障，《集学论》中为示皈依能净罪垢故，曾引一猪之缘起为喻，谓昔有将转生为猪之天子，由皈依故，未生猪中。颂曰："若皈依佛陀，则不堕恶趣，舍此人身后，彼当获天身。"于法及僧，亦如是说。

四集广大福，如《摄波罗蜜多论》云：“皈依福有色，三界器嫌小，如大海水藏，瓢所不能量。”五不堕恶趣，六人与非人不能为灾，均如前应知。七随作何种如法之事，若能先于三宝供养皈依请白者，当易得成办。八速得成佛，如《狮子请问经》云：“以信断无暇。”由得闲暇，遇皈依境，入殊胜道，不久便当作佛。以念如是等胜利，须于昼三夜三而行皈依。第六守护不舍者，身命受用终须舍离，若因彼故而舍三宝者，则一切生中常为苦逼。故当立誓自决，任遇何缘，乃至失命，皆不舍离皈依。虽为戏笑，亦不说舍三宝之言也。或谓行趣何方，便当皈依何方之佛，此学处出自何经，未见其所据也。

上述共同学处六条，出《道炬论注释》，其各别学处中，初之三条出自经藏，后之三者则为六支皈依所说。违越学处遂成退失皈依之因者，谓违于虽遇命难亦不舍离三宝一条，以是正舍皈依故。又于三宝虽未作弃舍，然若妄执与三宝相背之外道大师等与三宝功德无异者，亦即违犯不说有余皈依处一条。既于皈依不能坚决信解，故亦成弃舍。除此二事，若犯余条，则但违越学处，非舍离三宝之因也。皈依者，是入佛法之胜门，若有非仅口头皈依之真诚心。以依止如是最胜力故，内外灾障皆不能侵。诸胜功德，易生难坏，辗转向上增长。故当如前所说，畏苦及念德门中，努力皈依，并不违越所受学处，斯为最要也。

卷 三

【科】辛二 生决定信为诸善之根本

壬初 思惟业果总相

癸初 正明思惟总相之法

子初 业决定之理

谓诸异生及圣者，下至生于有情地狱，仅依凉风生起以上之一切适悦乐受者，悉从往昔所集善业出生。若从不善而生乐者，无有是处。又下至阿罗汉身中所受热恼之苦以上，一切皆从往昔所集不善业生，谓善业生苦者，亦无是处。《宝鬘论》云："从不善生苦，而有诸恶道，从善有乐趣，并生诸安乐。"是故诸苦乐者，非从无因，及自性大自在等不顺因生，乃从善不善之总业生总乐苦及诸种种别苦乐，亦从种种别别二业别别而生，无有爽误也。于此不虚谬之业果能决定者，说为一切诸佛子之正见，赞为一切白法之根本也。

【科】子二 业增长广大

由小善业能生甚大乐果，又由小恶业亦能生甚大苦果，盖内因果之增长广大，迥非外因果之增长广大所可及。如《集法句》云："虽作微小恶，后世招大怖，能有大损失，如毒入腹中。虽作小福业，后世感大乐，能成大义利，如谷实成熟。"

【科】子三 业不作不得

若于感受苦乐之因业未积集者，则其苦乐之果决定不生。然于佛所积聚无量资粮之果，诸受用者，虽不须集彼一切因，亦须集其一分也。

【科】子四　业作已不失

诸作善不善业者，出生悦意不悦意之果。《殊胜赞》云：“彼诸婆罗门，谓福罪可换，佛说作不坏，不作则不遇；”《三昧王经》亦云：“作已无不受，亦无受他作。”《戒经》云：“假使经百劫，所作业不亡，因缘会遇时，果报还自受。”

【科】癸二　各别思惟

子初　正明十业道

如是已知苦乐因果各各决定及业增长广大，不作不遇、作已不失者，当先于业果之理，如何发起决定而取？舍耶　总之，善行恶行运转之门，决定唯三，十业道虽摄不尽三门之一切善不善业，然善不善之诸粗显重罪，世尊摄其要者，说十黑业道。若断除彼等，则大义之要，亦摄入十，故说为十白业道也。《俱舍颂》云：“于中摄粗重，善不善随类，说为十业道。”《戒经》亦云：“护语及护意，身不作诸恶，此三业道净，当得大仙道。”是故《十地经》中称赞断十不善戒律之义，《入中论》亦摄云：“诸异生类及声闻，独觉定性与菩萨，决定善及现上因，除尸罗外更无余。”如是若于一种尸罗亦不数数修防护心而防守之，而云我是大乘，此诚极为下劣。《地藏经》云：“以此十善业道，当得成佛。若人乃至存活以来，下至一善业道亦不护持，犹云我是大乘，我是求无上正等菩提者，此补特伽罗最为诡诈，说大妄语，于一切佛前欺诳世间而说断灭，如其愚蒙自作其死，必颠倒堕落。”言颠堕者，当知一切恶趣之异名也。

【科】子二　抉择业果

丑初　黑业果

寅初　正明黑业道

此中杀生之事者，谓他有情，于意乐三中。想者有四，谓如于有情作有情想及非有情想，于非有情作非有情想及有情想。想之一三不乱，二四者错乱也。

于彼发起有差别者，如欲唯杀天授而起加行，若误杀祠授者，则不成根本正罪，盖于彼中须想不乱。若于加行时，有念任谁亦杀之总发起者，则无须错乱与不错之别矣。以此理趣，于余九中，如应当知。烦恼者，三毒随一皆可。发起者，希欲杀害。加行者，自作或教他作，二者皆同。加行体性者，或器或毒或明或咒等门中随一而作。究竟者，谓以彼加行为缘，或即尔时，或于余时，死在己先也。

不与取之事者，谓随一他所守持之物，意乐三中，想及烦恼如前。发起者，他虽未许而欲令彼物离其原处也，加行中之作者如前。加行体性者，以势劫暗盗，任何所作亦同。又或借债，及受寄托，以余谄诳方便不与而取。若为自为他，或为损恼彼等而故作者，皆成不与取业。究竟者，谓生得心。又若教他或劫或盗，彼生得心，即足成罪。譬如遣使杀他，随彼死时，自虽不知，使杀者即生根本罪也。

邪淫之事有四：非所应行者，谓母等及诸母所守护之女人，并诸男与不男及出家女也；非支者，除产门外之口等也；非处者，如师长等之附近、塔寺处等；非时者，妇女孕期中，或住斋戒等也。意乐三中之想者，《摄抉择分》云："于彼彼想。"谓须不错乱。毗奈耶中不净行之他胜罪，谓想乱不乱悉同。《俱舍注》云："于他人妻作己之妻想而行欲者，不成业道。于他妻作余人之妻想而行欲者，成与不成，有其二说。"烦恼者，三毒俱可。发起者，欲行不净行。加行者，于彼事进趣。究竟者，两两交会。

妄语之事有二，谓见闻觉知四及与彼相反之四也。所知境者，能解义之他有情也。意乐三中之想者，于见等，欲言不见等。烦恼者，三种皆可。发起者，欲变更而说。加行者，或语、或默然忍受、或动身表相，为自为他而说亦同。此中妄语离间恶口三者，虽教他作，亦成彼罪。《俱舍注》中谓语业四种，教他亦成业道。毗奈耶中则言生彼等之究竟罪，须自说也。究竟者，他了解也。

若其不解，仅成绮语，此《俱舍注》中说也。离间恶口亦同之。

离间语之事者，谓诸和顺及不和顺有情。意乐三中，想及烦恼同前。发起者，于和顺有情欲令离间，于不和者欲不和合也。加行者，随以谛实不实之语，及雅非雅之词，为自为他而说俱可。究竟者，离间之语，他了解也。

粗恶语之事者，谓所忿恨之有情，意乐中想及烦恼同上。发起者，欲说粗恶语。加行者，随以实不实之语，依彼种姓身体戒律威仪等过失，而说不和雅之言。究竟者，随其所说之境，彼解其义也。绮语之事者，即诸无义利之言。意乐三中之想者，谓于彼作彼想，然此中即于所欲说之事，随想而说，不须了解之对境。烦恼者，三种随一。发起者，欲不相续之杂乱而说。加行者，于绮说进趣。究竟者，说绮语竟也。

贪心之事者，谓他之财物资具。意乐三中之想者，于彼事作彼想。烦恼者，三种随一。发起者，欲属为我之所有。加行者，于所思事进趣而作。究竟者，想彼财物等，愿当属我也。

瞋心之事及想与烦恼，同粗恶语。发起者，欲为打等，或作是念，曷当令其被杀及缚，又或由他缘，或自任运，于其受用而成衰败。加行者，于彼所思而作加行。究竟者，决定为打等之事。

邪见之事者，实有之事也。意乐三中之想者，于所谤事为谛实想。烦恼者，三毒随一。发起者，欲为诽谤。加行者，于其所思，加行进趣。此复有四：于因谤者，谓无善行恶行等；于果谤者，谓无善恶二者之异熟；于作用谤中，又分三，谤殖种及持种之作用者，谓无父殖种、无母持种也。谤去来之作用者，谓无从前世来于此世，及由此世趣于后世也。谤当生之作用者，谓无化生之“中有”有情也。于实有谤者，谓无阿罗汉等。究竟者，决定诽谤也。此中意业思者，是业非业道；身语七支者是业，以是思所履之事故，亦是业道。贪心等三者，是业道而非业也。

【科】寅二　轻重差别

卯初　十业道之轻重

《本地分》中说六种业重：一现行者，谓以三毒或极猛利无彼三毒所发起业；二串习者，谓于长时亲近修习，若多修习善不善业；三自性者，谓身语七支前前重于后后，意之三业后后重于前前；四事者，谓于佛法僧师长等处，为损为益，名重事业；五所治一类者，谓一向受行诸不善业，乃至寿尽而无一善；六所治损害者，谓断所对治诸不善业，远离贪等，令诸善业离欲清净。《亲友书》亦云："恒时耽著无对治，具德所依业由生，善与不善五大端，当勤修习彼善行。"此以三宝等为功德所依，父母等为有恩所依，分之为二则成五也。

【科】卯二　兼略释具力之业门

辰初　田门力大

田者，罪福之田也，三宝尊长及等同尊长与父母等是。于此等前，虽无猛利意乐，稍作损益，罪福大故。又《念住经》云："若三宝之物，虽极微小，不与而取，后仍归还。其物属佛及法者，即当清净。倘属于僧，则在僧未受用以前，不成清净。若系食物，则堕大地狱。若是余物，当于无间近边之大黑暗狱中受生也。"菩萨者，为最有大力之善不善田，如《入生信力印经》云："若以忿心背菩萨坐，而作是言，此极恶人，我不看视。较以忿心将十方一切有情逼入黑暗狱中，罪尤重大，而无可数量。又于菩萨生瞋害心，出不雅言，较将尽恒河沙数诸窣堵坡毁坏焚烧，所生之罪，如上所说。"《入定不定印经》云："若于胜解大乘菩萨前，净信瞻视，称扬赞叹。较将十方剜眼有情，以慈愍心，仍生其眼。复将前诸有情放出牢狱，于转轮王位，或梵天乐而安立之，所生福德，尤为超胜，无可数量。"《最极寂静神变经》云："若于菩萨所修善行，下至以一抟食施与傍生之善，为作障难，较杀南赡部洲一切有情，或劫夺其一切财物，所生之罪，尤无数量。"故于此处，当极慎重。

【科】辰二　依门力大

如铁丸入水，虽小沉底，若作成器，虽大上浮。不善巧者与善巧者所作之罪重轻亦同。盖谓追悔先罪，守护后恶，罪不覆藏，修善对治者，是为善巧。若不如是而作，从轻蔑门中，知而故行，善巧自矜者，是则重焉。《宝蕴经》亦云："假使三千世界一切有情，皆住大乘具转轮王位，一一持灯，油如大海，炷如须弥，供养佛塔，较之出家菩萨，以灯炷沾油供于塔前，其福百分之一亦不能及。"此中意乐及田，皆无差别，而物之相差虽钜以依之力也明矣。由是理推之，则以戒之有无！或具一具二具三之身而修行者，亦诸后后较之前前之进步为迅速也亦甚明。如以在家修布施等时，亦以住于斋戒者所作，与无戒者所作，二善根力之大小，迥然不同焉。《治罚毁戒经》云："若破戒苾刍，以大仙幢相覆身，于一日夜受用信施，所集罪垢，较之一具足十不善之人长时无间于百年中积集其罪，尤为众多。"此亦由依门之罪大也。《戒经》亦云："猛焰热铁丸，吞之犹为胜，不以破戒身，向聚落乞食。"此说毁戒及戒缓之二者。敦巴云："依于法之罪中，则十不善罪是少分耳。"诚哉斯言。

【科】辰三　物门力大

布施有情中之法施，与供养佛中之修行供养者，较之财物施供，特别超胜。据此为例，余亦当知。

【科】辰四　意乐门力大

《宝蕴经》云："若有菩萨，不离希求一切种智之心，虽仅散一花，其所得福，较之三千世界之一切有情，各建佛塔，量等须弥，复于彼等塔，尽恒沙数劫，以一切承事而为供养，所得福德，前者为多。"如是以所得胜劣，及缘自他义利等之意乐差别。复于猛缓，久暂诸门，应当了知。于恶行中，亦以烦恼猛利恒长者力大，然彼中尤以瞋恚力为尤大。《入行论》云："千劫所积施，及供如来等，凡其诸善行，一瞋皆能坏。"又或于同梵行者，彼中更以瞋菩萨为极重。《三昧王经》云："若一于一作害心，持戒闻法不能救，静虑及住阿兰若，施与供佛皆莫救。"

【科】寅三　释彼等果

卯初　异熟果

十恶业道，一一依于大中小之三毒，而有三品也。彼中杀生等十，大者一一能感地狱，中十一一饿鬼中生，小十一一畜生中生，此《本地分》所说。《十地经》中，小中二果，其说相反。

【科】卯二　等流果

出恶趣已，虽生人中，如其次第，寿命短促，受用匮乏，妻不贞良，多遭毁谤，亲朋乖离，闻违意声，他不受语，贪瞋愚痴，三者增上。

【科】卯三　增上果

杀生者，能感外器世间所有饮食药果等，微少无力。不与取者，常值旱潦，果实鲜少等。欲邪行者，污泥粪秽，心所不乐等。妄语者，农事船业，不兴盛等。离间语者，地不平坦，高下难行等。粗恶语者，地多株杌荆棘瓦石沙砾渣垢等。绮语者，果不结实，或非时结果等。贪心者，一切盛事，年月日夜转衰微等。瞋心者，多有疫疠灾害兵戈等。邪见者，于器世间胜妙生源，渐见隐没等。

【科】丑二　白业果

白业者，于杀生、不与取、欲邪行中，思其过患，具足善心，而作防护彼等之加行，与防护究竟之身业也。如是语四意三亦如是配。其差别者，当说为语业意业。此《本地分》中所说。事及意乐加行究竟等，随类配之。如配断杀生业道事者，为他有情。意乐者，见过患已而欲断除。加行者，于杀正防护而行。究竟者，正防护圆满之身业也。依于此理，余亦当知。此中三果，初异熟者，以下中上善业，于人及欲天并上二界中生也。等流增上二果，反不善业而配之，如理应知。

【科】丑三　别释业之差别

初引满之别者，乐趣引业为善，恶趣引业不善是也。满业则无一定，虽生乐趣，犹有支节及根不全、颜色丑陋、短寿多病、贫穷等者，以不善而感也。于傍生饿鬼，亦有受用丰饶者，善所感也。如是于引业为善引中，满业亦有善与不善业二种。引业为不善引中，满业亦有善与不善业二种，共为四句也。次定不定受之别者，定受者，谓故思而作及积聚也。不定受者，不故思作与未积聚也。作与积聚之差别中，作者谓思或思已所起之身语也。积聚者，除梦所作等十种不属之业也。未积聚者，梦所作等十业也。于决定受中依受果时期有三，谓现法受者，彼业之果，于彼生受之。顺生受者，二世受果也。顺后受者，三世之外而受也。

【科】壬二　思惟差别相

断十不善，虽亦能得贤妙之身。然若能有一德相完全修习一切智之身者，则修道之进步，非余能比。故应修求如是之身。

【科】癸初　异熟之功德及业用

初中有八：一寿量圆满，以先引业感得长寿，如引而住，以是于自他义利，能长时中多集善业；二形色圆满，形色姝妙，根无不全，竖横相称，以是所化机等，见生欢喜，听从教授；三种族圆满，于世间敬重，共所称赞之高姓中生，以是劝导无所违越；四自在圆满，有大财位及广大朋翼僚属，以是摄诸有情而成熟之；五信言圆满，由以身语不诳他故，令诸有情信受其语，以是能以四摄摄受有情令其成熟；六大势名称，具足勤修施等功德，成诸众生所供养处，以是于他一切事业而为助伴，他便为欲报恩故速听教化；七男性具足，具足男根，以是为一切功德之器，以欲精进增长智慧，处众无畏，与诸有情能为共行，或处闲静，无能为碍；八大力具足，以先业力，性少疾损，或全无病，以现世缘，有大勇悍。以是于自他之事，无所疲厌，坚固勇猛，得思察力，速证通慧。

【科】癸二　异熟之因

异熟之因有八：初者，于诸有情不加伤害，及远离伤害之意乐。如有颂云：“若到杀生场，施放作饶益，遮止害有情，当能得长寿。恒作侍疾人，并施与医药，不杖石损他，当感得无病。”第二，惠施灯明及鲜净衣等，如云：“依于无忿恼，以施感妙色，不嫉妒果者，说感妙同分。”第三，摧伏我慢，于师长前及余人所敬重若仆；第四，于求衣食等者，常行惠施，纵其不求，亦作饶益，及于苦恼及具德之悲敬田中无资具者，悉作布施；第五、修习断除四种不善之语；第六，发愿自于后世能修种种功德，且于三宝父母声闻独觉和尚阿阇黎诸师长所，而修供养；第七，乐丈夫德，厌妇女身，深见过患，于诸贪著女身之辈，遮止其欲，断男根者，为作解脱；第八，他所不能，我为代作，于可共合，为作助伴，并施饮食。彼八种中，若具三缘，当得殊胜异熟。三缘者，心清净中，观待于自有二修诸善因，回向无上菩提。不希异熟，及意乐至诚猛利而修诸因也。观待于他有二：见同法者，上中下三，断除嫉妒校量毁訾，心生随喜。若不能者，亦应日日于其所行多次观察焉。加行清净中，观待自者，长时无间猛利所作。观待他者，未正受行，赞美令受。诸已受者，赞美令喜。常恒无间，安住不舍。田清净者，即彼二种意乐加行，获多美果等同田也。

【科】壬三　思己应行止之法

癸初　总示

《入行论》云：“从不善生苦，如何从彼脱，我昼夜常时，唯思此应理。”又云：“一切善品根，佛说胜解是，又彼之根本，常修观异熟。”知黑白业果已，当数数修习。以其最极隐覆，难获决定故。如《三昧王经》云：“月星可陨坠，山邑可崩坏，虚空变为余，佛不说虚语。”于如来语须生决定信。在未获此无伪决定以前，随学何法，亦不得佛所欢喜之决定也。有一类人，自谓于空性已获决定，于业果未能决定，于彼不作数者，其于空性之见解成颠倒矣。

达空性者，即于空性见为缘起之义，能为于业果生决定之助伴故也。前经又云："如同幻泡幻焰电，一切诸法似水月，虽然不缘身死后，往他世之数取趣。但已作业非成无，当如黑白熟其果，此道理门甚奥妙，微细难见佛行境。"以是当于白黑二业因果生起决定，常于昼夜观察三业门断绝恶趣。若初于业果差别未能善巧，或稍了知，而三门放逸者，是唯开恶趣之门。《海问经》云："龙王诸菩萨以一法而能正断险恶趣之颠倒堕落，一法为何？谓于诸善法数数观察，念我如何住此度诸昼夜。"如是思已，遮止恶行之法者，《谛者品》云："大王，汝莫杀生命，众生于命极护惜，以是欲保长寿者，心中亦不思断命。"于十不善等诸罪，虽惟发起之心，亦不可轻动，应多修习防护也。康隆巴对普穹瓦云："格西敦巴谓唯业果甚关重要，吾意现今讲说闻修皆非希罕，唯修此业暴者难矣。"普穹瓦报曰："如彼当作。"又敦巴云："仁者心量莫粗，此缘起甚细。"普穹瓦云："我于老时，惟依靠《贤愚因缘经》。"夏惹瓦云："随生何过，佛不责余，咸谓以作此缘，今生此过也。"

【科】癸二　别以四力净修之法

如是于诸恶行亟应努力无使有染，若因放逸及烦恼炽盛等缘而生罪者，亦不可任意放置，当须励力于佛大悲所说出罪方便。又彼堕罪还净之仪轨者，如三种戒中别别所说。罪还净者，当以四力：第一能破力者，谓于无始来所作不善，多起追悔。欲生此心者，须修能感苦异熟等三种果之理趣。修时可依金光明忏及三十五佛忏法二种而作。第二对治现行力有六，一依般若等经句，受持读诵等也。二依胜解空性、住入无我而明显之法性、深信本来清净也。三依持诵百字等诸殊胜陀罗尼，如仪轨而持诵之。《妙臂经》云："犹如四月火焚林，无有遮障然遍野，以念诵火戒风燃，精进猛焰烧罪恶。犹如日光照雪山，不堪威光而消融，戒日光明念诵炽，恶罪雪山亦归尽。如于暗中置灯光，黑暗无余而除灭，千生所集罪黑暗，以念诵灯速遣除。"此复乃至未见罪净相而诵之。

相者，谓于梦中梦吐恶食，又酪及乳等或饮或吐，或见日月，或于空行，或遇猛火水牛黑人，或见苾刍、苾刍尼之僧众，或出乳树、象及牛王、山与狮子座、并微妙宫殿而为上升，或梦闻法，此准提陀罗尼中说也。四依形像力，于佛获信已塑其形像也。五依供养力，于佛及塔，兴种种供养也。六依名号力，于佛及诸大菩萨名号，闻而持之。此等唯是《集学论》中所正出者，余亦多矣。第三遮止力者，谓正防护十不善也，以是能摧昔所造作一切自作教作随善他作之杀生等三门惑业及法之障，此《日藏经》中说，意谓若无至诚防护之心而忏者，仅成空言，故律中问："后防护否　"《广释》中说也。是故后不更作之防护心，颇为重要。然此心生起，又从初力而自在也。第四依止力者，皈依三宝，修菩提心也。

总之，佛为初心学人，虽说多种忏悔之门，然对治圆满者，四力为善也。罪净规者，于诸当生恶趣大苦之因，转生小苦因，或虽生恶趣，竟不受苦，或但于现身稍患头痛等即成清净。如是诸须长期受苦之罪，或成短促，或竟不受。此亦视忏者力有强弱，及四力对治全与不全，力势急缓，时期长短，以为等差，而未有一定也。经及律中谓"假使经百劫，所作业不亡"者，盖对、诸不修四力对治者而言。若以四力如说而忏者，则虽定当受果亦能清净，此《八千颂释》中说也。由是诸以忏悔及防止等力，而坏出生异熟之功能者，纵遇余缘，果必不生。如以邪见瞋恚断坏善根，彼亦同之，此《分别炽然论》中说也。然以忏护清净，虽能令无遗余，若初无罪染之清净，与忏已而净之二，则大有差别。如《菩萨地》中言，根本罪生，虽能重受还净，然于现生不能证得初地。经中亦云，若生经中所说一种谤法之罪，于七年中，每日三时忏悔，罪虽清净，然任如何疾速，欲得忍位时，须经十劫也。以是无余清净之义者，是于不悦意之果清净无余。生起证道等者，则为甚远。故于从初无染，当励力焉。是故说言，诸圣者等虽为命难，亦于小罪不知而故行。倘若忏净与初即不生二者无别，则无须如是作矣。譬如世间伤损手足，后虽治愈，然与初未伤损，终不同也。

【科】己二　发心之量

往者为求现世，心不虚伪，于求后世，仅随言辞转耳。若能易地而观，求后为主、求现为兼者，是即生也。虽然，尤须坚固，彼虽生已，仍当努力修之。

【科】己三　除邪分别

有一类人，以经言于一切世间圆满皆须弃舍，而作错乱之根据。作如是想，谓受用等圆满善趣者，不出世间故，于彼希求不应理也。夫于所求，有现时及究竟所求二种，世间身等圆满者，虽求解脱人，现时亦所当求，由依彼身渐次辗转而得决定善故也。所有一切身财眷属圆满之善趣，非皆世间之所摄。身等圆满究竟者是佛色身及彼之刹土、彼之眷属等故也。于彼密意，故《庄严经论》中说，以前四度成办身受用眷属圆满之善趣。又多经中亦说以彼等而成办色身也。已释共下士道修心之次第竟。

【科】戊二　与中士所共修心之道次第

己初　正修此心

庚初　认定求解脱之心

如是念死及思惟死后堕恶趣之理，反此世心而生起希求后世之乐趣，次从共同皈依及观黑白业果决定门中励力断罪修善。如是于乐趣之位虽定可得，然不可执彼少许为足，乃生起共下士之意乐，及生共中士遮止于一切世间耽著之意乐。依彼以发生菩提心，而引导于上士，故须修其中士之意乐也。盖谓虽能得人天之位，以犹未能越行苦故，于彼执为自性乐者，实为颠倒。若以正言，全无安乐，其后仍决定堕于恶趣，终苦故也。

言解脱者，谓从缚而解脱也。彼惑业二者，是世间之能缚，由彼二种增上，以界分之，有欲界等三；以趣别之，有天等五或六；于生处之门，有胎等四。结蕴相续者，是缚之体性，从彼脱者即解脱也。欲得彼者，即求解脱之心也。

【科】庚二　生此心之方便

譬之欲解渴苦，先是见渴苦有不欲乐而为自在。如是欲得寂灭取蕴苦之解脱者，亦由见取蕴苦之过患而得自在。若不修三有过患，起欲舍彼之心者，则于灭彼苦之解脱即不生欲得之心。《四百颂》云：“于此若无厌，岂复爱寂灭。”

【科】辛初　思惟苦谛流转之过患

壬初　释四谛先说苦谛之密意

集者是因，苦谛是彼之果，是集先苦后。何故世尊不顺彼之渐次，而云诸苾刍，此是苦圣谛、此是集圣谛耶　大师于彼反因果次第而说者，以有修持之要义，故无过失也。此复云何　谓诸众生，若不先生无倒欲求解脱之心，则根本已断，其于解脱如何引导　盖所化之机，原为无明暗覆，于世间圆满之苦，倒执为乐，被彼欺诳。如《四百颂》云：“于此苦海中，周遍无边际，汝沉于其中，云何不生畏？”此中以正言之，纯苦无乐。说多苦相令生厌患，故苦谛先说也。由是若自见堕于苦海，欲从彼解脱者，必须断苦。然若未断苦因，知不能遮止，即思苦因为何，而令知集谛，故于彼后说集谛也。次知世间苦，从有漏业生，业以惑起，惑之根本，厥为我执，便知集谛。若见我执亦能断灭，即誓于灭苦之灭谛而求现证，故说灭谛于彼后也。或有难曰，若尔，示苦谛已，便起求脱之心，于苦谛后说灭谛，亦应理也。然此无过失，尔时虽欲灭苦而希解脱，然犹未认识苦因，未见彼因能断。即思当得现证灭谛之解脱，然未决也。如是若认识现证解脱灭谛者，即念何为趣彼之道，转入道谛，故道谛后说也。

如是四谛者，于一切大小乘中，多次宣说，以是善逝总摄流转世间及还灭世间之诸要处故，于修解脱最为切要，故于如是次第引导弟子也。若但从思惟苦谛门中，于世间轮回无一实能遮止其耽著者，则欲得解脱唯成虚语，任何所作，俱成集谛。若但从思集门中，不善了知世间根本诸惑业者，如射箭未认鹄的，此是遮断正道之诸扼要处，而于非解脱三有之道，执以为是，必劳而无果。

若未知所断之苦集，则亦不识彼寂灭之解脱，虽言求解脱，亦唯矜慢而已矣。

【科】壬二　正明修苦

癸初　思惟流转总苦

子初　思惟八苦

修一切共中士所缘品类，诸共同者，凡下士中所说者，于此亦应取修。诸不共之所修者，若有慧力，如书所示而修之。若心力弱者，则当舍所引教，随于何处，唯修宗要正义。此等虽是观察修，然亦除彼等所修之境外，任何其余之善不善无记上，不应放置其心，当于所缘灭掉举等，睡眠昏沉俱不放纵，令心极明净，从澄寂中渐次修之。《入行论》云："念诵苦行等，虽常时修习，心余散乱者，佛说为无义。"盖谓意于余散乱之一切善行，其果皆微小故。又《大乘修信经》亦云："善男子！虽以此异门，如是诸菩萨信于大乘，从大乘所出生，任随何种彼一切者，当知皆从以无散心正思义法而出生也。"彼中无散心者，谓除善所缘，于余不散乱。义及法者，谓义同文也。正思惟者，以数数分别心观察而思也。以彼显示修一切功德之法，必须彼二也。以是之故，谓于三乘修一切功德，皆须心除善缘，不应于余散乱，正住于专一之止，或彼随顺，及正于善缘别别观察如所有与尽所有之观，或彼随顺，以此二种为须要焉。如是《解深密经》亦云："慈氏、或诸声闻、或诸菩萨、或诸如来，所有世间或出世间一切善法，当知亦是此奢摩他毗钵舍那之果。"于此若不行正止观，及二随顺，则三乘一切功德，为正止观之果无决定也。

此中八苦者，第一思惟生苦中有五：一生为众苦所随，谓地狱有情、及一类纯苦之饿鬼、并胎生卵生之四，彼等于生时，即具多种猛利苦受而生也；二生为粗重所随，谓烦恼生住增长之种子，随顺和合，于善安住无所堪能，亦复不能随欲而转；三生为众苦所依，依于三界而受生故，老病死等苦便增广；四生为烦恼所依，谓若生世间，于贪瞋痴境三毒自生，由此身心极不寂静，唯苦无乐，以诸烦恼从多门中逼迫身心也；五生为不随所欲法尔离别，谓一切生之边际，莫越于死，虽非所欲，但能令受苦，于彼等苦须数数而思之。

第二思惟老苦中有五：一盛色衰退，谓腰若弓曲、头如花白、额类砧板、皱纹满面等，盛色衰退不可爱乐；二气力衰退，谓坐如重负断绳、立同拔举树根、言词艰钝、行步迟缓等；三诸根衰退者，谓眼等于色等境，不能明了而见，以多妄念故，念等之力渐减也；四受用境界衰退，谓于饮食等不易消化，于余欲尘亦无能受用也；五寿量衰退，谓寿尽泰半，渐近于死，于是等苦当数数思之。仅拏瓦云："死苦虽烈，为时尚短，此老苦则尤烈也。"迦马瓦云："老渐渐来稍容易受，若同时而来，殊无法可忍矣。"

第三思惟病苦中有五：一身性变坏，谓身肉消瘦、皮干枯等；二忧苦增长而住，谓身中水等诸界，轻重错乱，逼恼其身，以是于心生起忧恼，而度日夜也；三于可意境不能受用，谓诸可意境，若云于病有损，则不能如欲受用，如是所欲之威仪，亦令无能动作也；四于不可意境非其所欲须强受用，谓非所悦意药饮食等，须强受用，如是火烧针刺等诸粗猛触，亦须忍受；五能令命根速离坏，谓见病不可疗治，生诸苦也，于彼等苦，须细思之。

第四思惟死苦有五，谓当舍离受用、朋翼、眷属、自身四种可爱圆满之境，及其命终时，备受种种极重忧苦也。于此诸苦，乃至未成厌患，当数数修之。前四亦成苦之理者，谓见与彼等相离，而生悲苦也。

第五怨憎会苦有五，与怨敌会即生忧苦、与畏彼治罚之所依止、以恶名而畏惧、以苦逼命终而怖之及越法死后疑堕恶趣而为恐惧，于彼等应思也。

第六爱别离苦有五，由离最爱之亲属等，以是于心而生忧恼、发怨叹言、身生忧恼、念彼才德欲恋逼心及彼之受用有所缺乏，如是而思之。

第七思惟求不得苦有五，此用同别离苦。求不得者，虽作农而秋实不登，虽经商而利息不获等，于其所欲，虽努力求之亦不得，心灰意冷而成苦也。

第八总之说思惟五取蕴苦之义有五，谓当成众苦之器、已成众苦所依之器、是苦苦器、是坏苦器及行苦性，于彼等当数数思之。此中初者，谓依受此五取蕴，能引以后之苦也。第二者，谓此已成之蕴为能依之老病等之所依也。第三第四者，谓彼苦之粗重，随顺和合，故生彼二也。第五者，谓但成取蕴，即于行苦性中生，以先惑业自在之一切行，皆是行苦故也。若于取蕴性之世间，未生起真正之厌患，则真求解脱之心无所从出，而于有情流转世间，亦无生起大悲之方便，故任随趣入大小何乘，此种意乐极为重要也。

【科】子二　思惟六苦

《亲友书》中说，为无有决定、不知满足、数数舍身、数数受生、数数高下、无伴之过六者，复摄之为三，谓于流转中不可保信、于彼之乐任其受用亦无厌足之边际、从无始而住也。初中有四，于所得身不可保信者，谓数数舍身也。于作损益不可保信者，父子母妻之转变及亲怨之变易等无决定也。于得圆满不可保信者，从高而坠下也。于共住不可保信者，当无伴而往也。从无始而住者，数数相续受生，不见生死之边际也，如是数数当思惟之。复次，于贪增长，成现在多数之乐受者，是乃于苦稍抑而起之乐心也。盖于除苦无有不对待之自性乐故，譬之过量行劳之苦，由坐而生起乐心，彼乃前行劳苦渐息，遂觉渐次起乐，非彼自性是乐也。苟坐复过久，仍如前生苦故。若以自性为乐因者，如依苦因，任若干时唯苦增长，如是依于行住卧及饮食日阴等所生之乐，亦须任若干时渐成增长若干之乐，但若过久，实唯苦生可知矣。此《入胎经》及《四百论本释》中说也。

【科】癸二　思惟别苦

子初　思三恶趣苦

已如前说。

【科】子二　思惟人之苦

谓饥渴寒热不悦意之触，追求与疲劳之苦。复有如前所说之生老病死等七者应知。又《集法句》云：“无余恶趣苦，人中亦有之，苦逼同地狱，穷似鬼王界。此中畜生苦，以力强凌弱，压迫而损害，是如水瀑流。”《四百颂》亦云：“优秀劳其心，庸流苦其身，二苦令此世，日日而摧坏。”

【科】子三　思阿修罗苦

彼以不忍于天人富饶之嫉妒，热恼其心，依此为缘与天战斗，领受多种截身破裂等苦。彼等虽具智慧，以异熟障故，说彼身不能见谛也。

【科】子四　思惟诸天苦

丑初　欲天之苦

寅初　死堕苦

诸天若于死时，见五死相，从彼所生之苦，较先受用天欲所生之乐尤为重大。五死相者，身色不可爱乐，不乐本座，花鬘萎顇，衣著垢染，及身出昔时所无之汗也。《亲友书》云：“若从天处堕，众善尽无余，任落傍生鬼，泥犁随一居。”

【科】寅二　悚惧苦

于具有广大福聚诸天，及有最极胜妙欲乐生时，诸薄福天子见之便生惶怖，由是而受广大忧苦。

【科】寅三　砍截等苦

诸天与修罗战时，受诸支节断截，身体破裂，及杀害之苦。若断头者，则便殒殁。若伤身节，余处续还如故。摈逐苦者，强力天子，才一发忿，诸劣天子便被驱摈出其自宫。

【科】丑二　上界天之苦

上界二天，虽无苦苦，然具惑与障，于死及住不得自在，以其粗重目即彼苦也。复次《集法句》云：“有色无色界，超越于苦苦，具有定乐性，经劫住不动。然彼非解脱，尔后仍复堕，从恶趣苦滩，暂似为出越。虽勤无久居，犹如鸟飞空，如童力射箭，终有下坠时。似灯久燃烧，刹那刹那坏，为行及变坏，诸苦所损害。”

【科】辛二　思惟集谛趣入流转之次第

壬初　烦恼发生之相

能成流转之因，虽须业惑二者，然以烦恼为主。若无烦恼，昔所集业纵越数量，如无水土等之种子不能生芽，于业若无俱有因亦不生苦芽故。若有烦恼，虽无先业，亦可于彼无间从新积集而取后蕴故也。《因明论》云：“若已度有爱，余业不能引，以俱生尽故。”又云：“若有爱者更当生故。”是故依于烦恼对治，甚关重要。由知烦恼而得自在，故于诸烦恼当善巧也。

【科】癸初　正明烦恼

烦恼之相，略说有十：一贪者，缘于或内或外悦意可爱之境，随起贪著，如油沾布，难于涤除。此亦于自所缘耽著增长，而于所缘难离也；二瞋者，缘于有情及兵器、棘刺等诸苦所依处，起瞋恚心，心渐粗猛，于彼等境，思作损害也；三慢者，依于萨迦耶见，缘于外内之高下好恶，心生高举也；四无明者，于四谛业果三宝之自性，心不明了，具有无知染污者也；五疑者，缘于谛等之三，念其为有为无，是耶非耶；六坏聚见者，缘于取蕴，谓我我所，具我我所见之染慧也。彼中坏者谓无常，聚者是众多，以此任何所有之事，唯无常与众多，而无有常一之补特伽罗也，为显此故，立坏聚名；七边执见者，缘于坏见所执之我，或计恒常，或执此后无结生之断见，以染污慧为性也；八见取者，缘于坏见边见邪见等之三中任随一种，及依彼等所生见聚，执为殊胜之染慧也；九戒禁取者，缘于应断之戒，及器具、轨则、身语决定等禁，并依彼等而生之蕴见为净罪脱惑出离世间之染污慧也；十邪见者，谓执无前后世及业果等之损灭，及执自在自性等为众生因之增益，具染污慧也。此等乃就上下宗所共许之烦恼而言，中论佛护派者，于下当说。

【科】癸二　烦恼生起之次第

若许坏见与无明为各别者，譬之稍暗之中有绳，以绳之本体不明，遂于彼起执蛇心。由于蕴之本体不明，而为无明之暗所覆，于蕴误执为我，而其余诸惑从彼生焉。若许彼二为一者，则坏见即烦恼之根本也。彼复由坏见执以为我，遂判别自他。如是判已，于自则贪，对他起瞋，缘我则高举亦生，于我执有常断，而见有我等，并于后相续之恶行起胜执也。如是于宣示无我之大师及彼所说之业果四谛三宝等，谓无彼等之邪见，或复思量彼等为有为无、或是或非之疑惑亦生焉。《释量》云："有我知有他，我他分爱憎，由此等和合，一切过当生。"

【科】癸三　烦恼之过患

《庄严经论》云："烦恼坏自坏他亦坏戒，衰退失利护及大师呵，斗诤恶名余世生无暇，失得未得意获大忧苦。"《入行》亦云："瞋爱等怨仇，非有手足等，亦非有勇智，以我作奴仆。住于我心中，爱乐犹损我；此非可忍处，忍受反成呵。设诸天非天，一切皆仇我，然彼等不能，投入无间火。具力烦恼仇，若虽遇须弥，摧毁亦无余，刹那能掷我。如此烦恼仇，常时无始末，其余诸怨仇，不如是长久。若随顺承事，皆为作利乐，顺诸烦恼者，后反作衰损。"如是所说过患，当思惟之。兰若者云，欲断烦恼，须知烦恼之过患、性相对治及生起之因等，知过患已，则认为仇敌而执之，若不知其过患，则于仇敌不识也，当如《庄严经论》及《入行》所说而思焉。又若欲知烦恼之相，须听对法，下至亦须听闻五蕴论，知根本及随烦恼已，随贪瞋等生时，则认识此是彼耶，彼已生耶。如是念之，与烦恼而斗也。如其所说，须当了知。

【科】壬二　业积集增长之相

癸初　所作业积集增长之认识

业分二类：一思业，谓自相应思，于心造作，意业为体，于诸境中，役心为业。二思已业，由心等起身语之业。毗婆沙师，许为表无表二惟有色。世亲菩萨破之，由许为身身语有表俱转之思，释二业为思也。此中不善业者，非福业是。福业者，欲界所摄之善业是。不动业者，色无色界所摄之有漏善业是。

【科】癸二　增长法如何

若已现证无我者，虽犹有以惑业增上于世间生，然不新集能引之业。故积集世间之引业者，谓住大乘加行道世第一法以下之一切异生也。又以彼身之三门，作杀生等不善者，是集非福业。若行欲界善布施持戒等者，是福业。若修静虑及无色界所摄之止等者，即集不动业也。

【科】壬三　死与结生相续之相

癸初　死缘

寿尽死者，以先业所引之寿，一切皆尽，时至而死也。福尽死者，如无资具而死也。不平等死者，有九种因缘，谓食无度量等，如经所说。

【科】癸二　死心

信等善心及贪等不善心，此二心者，或依自力，或依他使念，于想粗转之中间令心发起。具无记心死者，于善不善二心不自忆念，亦无他使念。此中作善者，如由暗入明，死时如梦种种悦意色生，安乐而死，解支节苦亦甚微细。作不善者，如明趋暗，死时如梦显现种种不可爱色，生起猛利之苦，受支解之痛，亦极剧烈。支解者，除天及地狱外余趣皆有。具无记心者，如上所言之乐苦俱不生也。死时善不善二心者，何多修习，彼即现起，余心则不转也。若于善恶二种平等者，何者先念，彼先现起，余不随转。心微细行时，善与不善二种皆止，而成无记之心。一切死时，当其想心来至不明之间，以长时所习，我爱现行，由彼最后我爱增上，念我当无，便爱自身，此即受中有之因也。预流及一来，虽亦起我爱，继以慧观察而不忍受，如具力人打力弱者。若不来果者，则我爱不生矣。

【科】癸三　暖从何收

作不善者，先从上身收暖，至心而舍。作善者，先从下身收暖，于心而舍，皆从心而出识也。于最初精血之中，识于何住，即成心藏后从何出，即是最初之所人也。

【科】癸四　死后成中有之理

如上所言，识从何出之时，由彼无间，如秤低昂，而成死与中有也。彼中有者，眼等根全，当生何趣，即具彼趣之身相。在未受生之间，眼如天眼，身如具通，俱无障碍。同类中有，及由修得离过之天眼能见之。《俱舍》虽言，若成何趣之中有，次无遮止令于余生，而《集论》则说有遮也。作不善之中有者，如黑羺光，或阴暗夜。作善中有者，如白衣光，或月明夜。中有同类能互相见，并能自见生处。地狱中有如焦株杌，傍生中有如烟，饿鬼中有如水，欲天与人之中有如金，色界中有鲜白，此《入胎经》所说。若由无色生下二界，则有中有。若从彼二生五色者，随于何死，即于彼处成五色之蕴，无中有也。又天之中有向上，人之中有平行，诸作恶业者，眼目视下，倒掷而行，三恶趣之中有皆同也。寿量者，若未得生缘，极七日住，得缘则无决定，不得亦须换身，于七七日住，在此期内，定得生缘，无过此限。如天中有，七日死后或复为天，或变人等之中有。以有余业，能变中有种子故也，余亦如是。

【科】癸五　次于生有结生之相

《瑜伽论》云：若胎生者，于父母精血起颠倒见，尔时如父母未眠，而如幻见眠，于彼爱著，《俱舍》说为见父母眠也。彼复若生女身之中有，于母思离，贪与父交。若生男者，于男思离，贪与女交。是欲起已从而趣向。如是男女支体，余渐不现，唯见男女根相。对彼起瞋，中有遂灭，而成生有。复以父母贪爱俱极，最后有浓厚之精血各出一滴，相与和合，住母胎处，状如凝乳，与彼俱时则中有灭。与灭同时，以结生相续之识力，有微细余根大种，和合摄彼同分之精血，而余根以生。尔时人胎之识，诸不许阿赖耶者，则为意识结生也。若于生处不欲去者则不赴，不赴则不生，故已作增长生地狱之业，如宰羊杀鸡贩猪等非律仪之中有，于其生处如于梦中而见有羊等，以昔串习之爱乐，即往赴彼，次于生处之色起瞋，遂致中有灭而生有生焉。如是于地狱及大瘿饿鬼中生亦同。凡当生于畜生饿鬼人及欲界色界天者，于其生处，见自同类喜乐之有情。于彼欢喜，思欲奔赴，由于生处起瞋，中有随灭，而生有生焉。此《本地分》中所说也。其非律仪贩鸡猪等之生地狱，与此相同。《俱舍》云："湿化染香处。"谓湿生贪染香气，化生贪染住处而生也。又若生热地狱者思暖，若生寒地狱者思凉，中有趋之乃生。此注中释也。卵生如胎生，亦出《俱舍论注》。

【科】己二　发心之量

如是从苦集二门，审知世间之相，若仅生起希求舍离，及于寂灭希求证得，虽是出离之心，然犹嫌不足也。盖必如居火宅及系牢狱，于彼宅狱生若何不乐，则欲求逃脱之心，亦当生起若何之量，然后仍须渐为增广此种意乐。如夏惹瓦说，若置酒上之粉末，仅口面而浮者，则其厌舍世间之集因，不过如是，而求灭苦集之解脱，亦与相同。是故虽欲修解脱之道，但唯空言。其不忍于他有情流转世间苦之大悲，亦无从生起。故能劝勉不假造作之无上菩提心力，亦必不生。其曰大乘者，亦仅随语而转。此当数数修习之。

【科】己三　除邪分别

或曰若修厌患，令想出离，如同声闻不乐世间，则堕寂静之边，故修厌患于小乘为妙，菩萨修此，则不应理，以《秘密不可思义经》中说也。答曰：经谓菩萨于世间不应怖畏之义者，非谓于业惑所制，而流转三有之生老病死等苦不应出离。盖谓菩萨悲愿自在，为益有情，而于三有受生，不应怖畏也。夫以惑业所制、流转世间、为众苦所逼者，自利犹且未能，况云利他者哉。此乃一切衰损之门，菩萨较诸小乘尤应厌离而灭除之，而于悲愿自在、受生世间，则应欢喜焉。又彼经亦云："诸菩萨者，为令有情，悉皆成熟，易摄受故，于此世间，见有胜利，不住广大涅槃。"如是未能简别，若如前而说。于彼说者，设有菩萨戒，则生一染污之恶作罪。此《菩萨地》中所言也。若于生死意求出离已，见诸有情是自亲眷，为利彼等而发菩提心者，是《四百颂》之意，月称大阿阇黎于彼释中说也。

【科】己四　抉择能趣解脱道之自性

庚初　依何等身灭除生死

如上所言，以修三有之过患，于生死中，生起猛利欲求出离，以彼生死，当须灭除。如《亲友书》云："除八无暇过，闲暇既已得，尔可务当生。"谓须于此暇满时而灭除之。若居无暇，则无灭除之时，已如前说。大瑜伽者云："现在是从畜牲中分出之时也。"博朵瓦亦云："昔经尔许之流转，未能自返，今亦不能自返，故急须还灭之。得还灭之良机，亦正在此得暇满之时也。"又若在家者，不但修法之障难甚多，且易生过咎。出家者则与彼相反，故灭除生死之身，以出家最为殊胜。若善巧者，当于出家而钦慕焉。《具力所问经》云："居家菩萨，当愿出家。"此中要意，谓愿近圆也。《庄严经论》亦云："应知出家分，无量功德具，胜比勤持戒，在家之菩萨。"如是非但为修解脱生死赞叹出家，即由显密门中修一切种智，亦说出家身为殊胜也。出家戒者，是三种戒中之别解脱律仪，于教法根本之别解脱戒，当敬重之。

【科】庚二　修何等道而为灭除

《亲友书》云："纵使烈火燃头上，遍身衣服焰皆通，此苦虽急犹可置，求证无生较此要。尔求尸罗及定慧，寂静调柔离垢殃，涅槃无尽无老死，四大日月悉皆亡。”谓于三学当修学也。于此若仅于中士道而为引导者，亦须广说以三学引导之方便。然此不尔。以慧观及心学生止法者，于上士时当说，今此略言戒学耳。先须于戒之胜利数数思惟，心既决定，则勇猛增长。《亲友书》云：“众德依戒住，如地长一切。”《妙臂经》亦云：“如诸禾稼依于地，无有过患而发生，如是依戒胜白法，以悲水润而生长。”当如说而思焉。

于戒受已而守持者，胜利甚大。若不守护过患亦甚。经云：“或以戒得乐，或以戒感苦，具戒则安乐，毁戒则苦恼。”《文殊根本大教王经》亦云：“持咒若坏戒，不得上悉地，中品亦不成，亦不成下品。佛于毁戒人，不说咒成就，亦非趣涅槃，境处之方际。于此恶异生，何有咒成就，此毁戒众生，如何有乐趣。既不成现上，亦不成胜乐，况佛说诸咒，而能成就耶。”如是所示不守护之过患，当数数思之。如《三昧王经》云：“于居家白衣，我所说学处，尔时诸比丘，彼戒亦不具。”于此所说，谓苾刍不能守护五戒之时，精进持戒者，感果甚大，故当努力。即彼经云：“尽于恒沙俱胝劫，而以信心备饮食，并以伞幡灯烛鬘，承事俱胝由他佛。若于妙法极欲坏，善逝正教将灭时，于日夜中行一戒，此福比前最殊胜。”

如何修学之法者，谓于四种生罪因中，无知之对治者，应听闻诸学处而了知也。放逸之对治者，于取舍之所缘行相，不忘忆念，及数数观察三门，了知于善恶何转之正知，以自或法为增上，于罪生羞耻之惭，及念为他所呵而起羞耻之愧，怖畏恶行之异熟，而生防护之心。不敬重之对治者，于大师及彼所制，并诸同梵行者，皆当敬重也。烦恼炽盛之对治者，观察身心何种烦恼增上，当努力从而对治之，若不如是励力，意谓违越少许，其过轻微，于所制而放纵者，最后结局唯得苦恼。《戒经》中云：“若于大师悲愍教，以为轻微少违越，由彼彼苦得自在，如折篱坏庵摩罗。世间有违王重敕，或者犹获不治罚，非理若违能任教，如堕傍生医波龙。”以是故应努力勿令罪染，设有染犯，亦莫不念而弃置之，于堕罪还出之仪轨，应如说励力而作。如是守护之法；虽是具别解脱律仪者，然于修密咒者亦同之。《妙臂经》云：“以我所说别解脱，净戒调伏而无余，居家持咒惟除相，及轨则外余应行。”谓居家持咒者，唯除少数出家衣相之类，及羯摩轨则并单制之轨则外，其余从调伏中所出之戒条犹须行也。则出家持戒者，更何待言哉。康隆巴云：“若饥馑时，则一切事皆注向于青稞上去，如是一切亦皆辗转于戒上去，是故于此当勤修学。然欲戒清净，不思业果必无成就，故思惟业果，是秘妙教授也。”夏惹瓦亦云：“总之，生何善恶，皆依于法，于佛法中，若依戒律所说而依止行之，则无须犹豫。内心既净，则常喜乐，后亦善妙也。”

善知识敦巴亦云：“一类依律而舍咒，或则依戒而弃律，而不知咒为律助，律为咒伴也。若非我师所传之语，则无如是教授。”又阿底峡尊者亦云：“我印度或有大事，或有非常事时，则集诸受持三藏者，问三藏中无遮耶？不与三藏相违耶？抉择已，即如彼而作。于莲花戒寺，更加问菩萨行中未遮耶？不与彼相违耶？凡有一事，皆以律师为依据而处理焉。”已释共中土道修心之次第竟。

卷
四

【科】戊三　上士修心之道次第

己初　明发心为入大乘之门

如是流转之过患，从种种门中长时修习，则见于此三有如陷火坑，为欲解脱惑苦，证得涅槃，意怀热恼，由是修学三学，从生死中而得解脱焉。然此虽非同善趣，不复退堕，而于断过证德，尚属少分。既于自利未圆，则利他亦不过零碎而已，终须佛为劝请而入大乘也。故诸具慧者，从最初时便入大乘，甚为应理。《摄度论》云："于利世间无能力，二乘心量必断之，能仁所示大悲乘，一味利他为自性。"若此，则诸士夫应以爱乐威德及士夫之功力，担负利他，方为合理。倘仅缘于自利，与傍生何殊？是故诸上士之本性，于利他乐专一而住。《弟子书》云："畜类得草唯自食，渴时得水欢喜饮，士夫精进利他事，以乐威德功力胜。如日照世驾威光，大地载物不拣择，上士本性不自利，一味专作利世间。"如是见诸众生被苦所逼、为利他而忙者，名曰士夫，彼亦名为善巧。前书又云："无明覆世乱众生，无力堕在苦火中，见此如己头燃火，彼是士夫亦善巧。"是故能生自他一切利乐之本源，灭除一切衰损之妙药，为诸善巧士夫所行之大道，虽见闻念触亦能长养一切众生，住利于他而兼能成就自利，无所不全。有于此具大善巧之大乘而趣入者，当念甚为希有，我幸得之。应尽所有士夫之功力，于此胜乘而趣入之。

如是若念须入大乘，何为入大乘之门耶？此中佛说有波罗蜜多乘及密乘之二种，除彼更无余大乘矣。然此二由何门而入耶？唯菩提心是。此于身心何时生起？虽其他之任何功德未生，是亦住入大乘。若何时与菩提心舍离，则纵有通达空性等功德，亦是堕入声闻等地，退失大乘。此众多大乘教之所说，理亦成也。是故大乘者，以菩提心之有无而作进退。如《入行论》中说，此心生起，无间即成佛子也。慈氏《解脱经》亦云："善男子！所谓金刚宝者，虽已破碎，胜出金等庄严，映蔽一切，亦不失金刚宝之名，一切贫乏亦能遮止。善男子！如是若发一切种智心之金刚宝，纵离修行，亦映蔽一切声闻独觉功德之金庄严，亦不失菩萨之名。一切世间贫乏，亦能遮止也。"谓于菩萨行虽未学习，但有菩提心便可称为菩萨也。以是若仅以法是大乘则犹不足，必彼补特伽罗住入大乘为重要，故成大乘亦以菩提心而作自在。若于此心仅彼知解而已，则其大乘亦惟是虚名耳。倘彼有一性相完全之菩提心，则亦成一清净之大乘，当于此而励力焉。《庄严经》云："善男子！菩提心者，如一切佛法之种子。"于此须得定解。此应喻释。如以水粪暖及地等，若与谷种合者，则为谷苗之因。若与麦豆等种合者，则亦为彼苗之因，故水粪暖地等是共同之因。青稞种者，随与何种缘合，亦不能为谷等苗之因，是青稞苗之不共因。以彼所摄持之水等，亦当为青稞苗之因也。如是无上菩提心者，是佛苗因中如种子之不共因。通达空性之慧者，如水粪等是三种菩提之共因也。故《宝性论》亦云："胜解胜乘为种子，慧者为生佛法母。"此言于大乘起胜解者，如父之种子。通达无我慧者，则如母。譬之父为藏人，则不生汉胡等子，父为子姓，此因决定。于藏母身，则能生种种子，是乃共同因也。龙猛《赞慧度》亦云："佛陀诸独觉，并诸声闻人，解脱唯依慧，决定无有余。"诸独觉声闻亦依于慧，以是亦说般若波罗蜜多为母，是大小二乘子之母，故不以通达空性而分大小乘，是以菩提心及诸广大行而判也。《宝鬘论》云："彼声闻乘中，不说菩萨愿，及行悉回向，菩萨如何成。"谓不以见别而以行分，如是若通达空性之慧，犹不成大乘不共之道，而况除彼胜慧之诸余道品，则何待言哉！是故须将菩提心之教授，执为中心而修焉。

【科】己二　此心如何发起

庚初　修菩提心之次第

辛初　从阿底峡尊者所传七种因果言教

七因果者，谓圆满佛果从菩提心生，彼心从增上意乐生，意乐从大悲生，大悲从慈生，慈从报恩心生，报恩从念恩生，念恩从知母生。如斯次第说为七也。

【科】壬初　生起之次第决定

癸初　明大悲为大乘道之根本

子初　初之重要

若为大悲挠动其意者，为令一切有情出生死故，而起决定誓愿。若悲心弱，则不如是，要能荷负无余众生之解脱重任而得自在故。若不荷负此担，则不能入大乘。故大悲者，于初即为重要也。《无尽慧经》云："大德舍利弗，复次诸菩萨之大悲无尽也。何以故？为前导故。大德舍利弗，所谓譬诸气息内外动者，是人命根之前导也。如是菩萨之大悲者，是正修大乘之前导也。"又《象头山经》亦云："文殊师利！云何为诸菩萨进趣行？云何为处？文殊师利答曰：天子！诸菩萨进趣行者，大悲也。处者，有情也。"

【科】子二　中重要

如是虽曾一次发心而住者，若见有情数多，所作恶劣，菩萨学处极为难行，无有边际，历时长远，遂生怯弱，则堕于小乘。故大悲心者，非仅发一次，宜加修习，渐令增长。不顾自之苦乐，不厌利他，则速能圆满一切资粮。

【科】子三　后重要

诸佛得果，非如小乘住于寂灭，能尽虚空界利益有情，亦乃大悲之力。此若无者，则当同于声闻故也。譬如稼穑，初种，中水，后能成熟而为重要，故于佛果亦初中后三，大悲为要。此具德月称论师之言也。漾那穷敦巴于阿底峡尊者请求教授，尊者诲曰："舍世间心，修菩提心，此外无余。"格西敦巴笑曰：

"此乃尊者出教授之心要。"当知是法之命脉。能得决定亦唯此最难，须数数集忏，及阅《华严》等经论，以求坚固决定。如马鸣菩萨云："佛之心宝贵，能圆菩提种，唯佛知斯要，余人莫能及。"

【科】癸二　诸余因果为彼之因果法

子初　从知母至慈心成其因

总之唯欲令离苦者，若数数思惟彼有情苦虽亦能生，然令彼心易起及猛利坚固者，则先须于彼有情有悦意珍爱之相，如亲有苦则不堪忍，仇人有苦则生欢喜，于中庸有苦多生弃舍。此中初者，是于意中有爱乐故，于彼有几许之珍爱，则对彼苦便生起几许之不忍。中下珍爱，起小不忍，倘系极珍爱者，则虽有微苦，亦起大不忍矣。若见仇人有苦，非但不欲令离，且念其苦愿后较彼尤甚，及莫脱离也，盖为不悦意之所致。彼复以不悦意之大小，于其感苦亦生尔许之欢喜。于中庸之苦，既无不忍、亦无欢喜者，以意悦不悦皆无之所致也。如是修有情为亲，乃为发起悦意。而亲之究竟，厥惟母亲，故修知母念恩报恩三者，则能成就悦意爱惜之心。又于有情爱如一子之慈者，是前三之果，由此而生大悲焉。苦与乐之慈与悲，则不显现因果之决定。修此一切有情为亲属，是发心生起之因，乃月称阿阇黎、大德月、莲花戒阿阇黎所说也。

【科】子二　增上意乐及发心成其果

依前次第修习生起悲心，则于为利有情欲得成佛亦能生起，便已足矣，何故于彼中间更加增上意乐耶？盖想有情得乐离苦之慈悲无量，虽声闻独觉亦有，然荷担于一切有情作乐除苦之担者，非大乘则无也。故须生起心力强胜之增上意乐，此从《海慧问经》中而知也。如是若欲生起度脱有情之心，当念我今如此，即一有情之义利，亦不能圆满做到。非但此也，纵得二种阿罗汉位，亦仅能利少数有情。所作义利，亦唯能成解脱而已。于一切种智，则不能安立。念此无边有情，满足彼等一切现前究竟之义利，有谁能耶？如是思惟，则知唯佛有彼堪能，而发为利有情欲得佛位之心。

【科】壬二　正修之次第

癸初　修求利他之心

子初　修习此心发生之根本

丑初　于有情修平等心

如前下中士时所说前导等次第，于此亦当取而修之。其中若不先断除对于一类有情起贪、及对一类有情起瞋之分类，而修平等心者，则任随生起慈悲，仍有类别。若缘于无类，则不能生起，故当先修平等舍心也。此中复有愿诸有情修无贪瞋等烦恼之想、及自于有情远离憎爱心平等之二种，此取后者。修此舍心之次第，为易生故，先须于一未作利损之中庸者而为所缘，以除贪瞋而修舍心。若于中庸修舍心已，次于亲友修平等舍心。于亲友心若不平等，则或以贪瞋分类，或以贪有大小，而不能平等。于亲友若平等，当于仇怨修平等心，于彼若不平等，则视不顺之一边而起嗔焉。于仇怨平等已，则于一切有情而修平等心，此复有二：就有情方面想，一切众生同是欣乐而不欲苦，若于一类认为亲友而作饶益，于一类认为疏远而为损恼，或不饶益，不应理也；就自己方面想，从无始来于生死中，任何有情，不曾百次作我亲眷者不可得，如此应于谁生爱，而于谁起憎耶？此修次第中编所说也。又若于亲生爱者，如《胜月女问经》云："我昔曾经杀汝等，我亦曾被汝等截，彼此一切是仇杀，汝等何为起贪心。"如前所说无定之过，思一切亲怨速疾转变之理，即以此而遮止憎爱。然此须执为亲怨之差别所依，不须遮怨亲之心，以作怨亲之因相，而灭贪瞋分类也。

【科】丑二　修一切悦意之相

寅初　知母

以轮回无始故，我之生亦无始。生死相续，于轮回中当无不受之身，及未生之地。而未成母等之亲者，亦所必无，此经中言也。此复非但昔曾作母，即于未来亦当为母。如是思已，则于为我之母一事当求坚固决定。此心若生，则念恩等亦易引发，此若不生，则念恩等心无由生起矣。

【科】寅二　念母

修一切有情为母之后，倘先依于此世之母而修，较易生起，当如博朵瓦所说而修之。于己前想一明显之母亲相，作是思惟，不但今时，即无始时来，彼亦为我作过母亲已超数量，应多次思之。如是作母时，为我救护一切损害，成办一切利乐。别想于今世，初于胎中时常摄持，及产生后，胎毛未干，即抱依于暖肉，以十指玩弄，以乳酪喂哺，以口饲食而拭涕，以手揩擦其不净，种种方便养畜而无厌倦。复于饥时与食，渴时与饮，寒时与以衣服，贫时给诸自不忍用之财。然此资具，亦非易得，乃合诸罪苦恶名艰辛求获者以与也。若子有病苦时，思惟子死宁己死、子病宁己病等，出自真诚愿以身代，并以加行而为除灭苦厄之方便。总之，随自智能为作利乐，遣除苦恼等之事实专一修之。以如是修习，则非仅空言，当得生起念恩之心。次于父等诸余亲识，及诸中庸，乃至仇怨，如其次第，皆修知母。既于亲眷中庸怨家皆想为母，于一切众生亦修知母以为前导，次第渐广而修习焉。

【科】寅三　报恩

如是唯以生死流转而不相识耳。倘将彼受苦而无救护之诸母弃舍不顾，仅谋自己之解脱者，忍心无愧，岂有更甚于此者哉！《弟子书》云："亲入生死大海中，分明如堕深流内，生死不识而弃彼，但自解脱无此耻。"如是舍有恩者，在下等人犹不应为，与我之理如何相顺　如是思已，当负报恩之担也。若尔，当以如何报恩耶？诸母亦能自得世间富乐，然彼一切无不欺诳，如我先为烦恼魔所伤损，于彼猛利伤痕，擦以盐硝，以其自性是苦，仍复加生种种之苦。若以慈报恩，当将彼等安立于解脱涅槃之乐，须如此而报恩也。总之，如自母亲，不住正念，疯狂目盲，而无引导，步步颠蹶，趋赴于可怖之险巇而行，彼母若不望其子救而望谁耶　若彼子亦不求将母脱怖，而须谁来度脱耶　于彼如是已作母亲之诸有情，为烦恼魔挠，心不正住，于其自心不得自在，有若疯癫，又无能见现上决定善道之眼，亦无引导之师，刹那刹那，皆为恶行之所损坏，胡乱奔驰，见其于总之生死别为恶趣之险处而行，彼母亦须希其子，其子亦应来出其母。如是思已，当以决定拔出生死为报其恩。《集学论》云："烦恼疯痴盲，于多险巇中，步步颠蹶走，自他常忧事，诸众生苦同。"由是观已，虽是说为寻觅他过为不应理，见一功德执为希有，然于此亦可合于苦恼之理也。

【科】子二　正发此心

丑初　修慈

慈之所缘，为未具乐之有情。行相者，谓念彼云何当得乐，且愿彼得乐，又当为作得乐因也。《胜利者三昧王经》云："俱胝由他频婆罗佛刹，尽其供养众多无数量，于诸胜生以彼常供养，尤其不及慈心数与分。"谓较彼之供物极其广大，而于究竟之田，常时行供养，其福尤大。《文殊庄严刹土经》云："于东北隅有大自在王佛，世界名曰千庄严。如苾刍入灭尽定之乐，诸有情亦具是乐，于彼世界经百千俱胝岁修行梵行者，若于此土下至于弹指顷，缘一切有情发起慈心，较前之福犹为甚多，况昼夜而住。"《宝鬘论》亦云："每日三时中，施食三百罐，不及须臾顷，慈获福一分。天人当起慈，彼等亦守护，意乐及多乐，毒械不能损。无力获大利，当生梵世间，设未成解脱，亦得慈八德。"若有慈者，人天起慈，任运归仰，佛亦以慈力败彼魔军，故成最胜守护等也。修慈之次第者，先亲、次中、后于仇怨而为修习。次于一切有情如次而修之。修习方便者，若数数思惟有情苦苦之理，其悲便起。念诸有情缺乏有漏无漏之乐，如是数数思惟。若修此者，欲与乐心任运而起，此复以种种乐而为作意，于诸有情而施与之。

【科】丑二　修悲

悲所缘者，谓以三苦随其何类具苦之有情也。行相者，想其离苦，及愿其离，我当作离苦也。修之次第者，初亲、次中、后怨，次于十方一切有情而修习也。如是等舍慈悲各各差别之境，如次而修者，是莲花戒阿阇黎随顺对法经而作也，最为扼要。若不各各分别，初即总缘而修，虽能相似生起，然一一而思，则现见任何亦未生起。若于一一由意变之领纳，如前所说而出生已，渐为增多，后缘总而修习，则随缘总别，皆清净而生故耳。修习法者，思惟是母所成之诸有情，堕于有海，如何领受总别之苦，等而思之。苦已释竟。悲生起之量者，《修次第首编》云："随于何时，犹如最悦意之儿，身不安乐。于一切有情亦决定欲令离苦之悲心，成任运随转，如本性而转，尔时是彼圆满，得大悲名。"谓于最极心爱幼儿之痛苦，其母生几许之悲愍，以彼几许为心量，于一切有情任运起悲者，说为具足大悲相也。慈生之量，例此当知。

【科】丑三　修增上意乐

如是修慈悲之后，思念慨叹，我最爱乐悦意之诸有情，如是乐乏苦逼，当如何而令其得乐离苦耶　荷负度脱彼等之担，下至言谈，亦当修心也。此于报恩时，虽亦稍起，然于此所说者，谓有欲令得乐离苦之慈悲，尚嫌不足，于有情念以我为作利乐之意乐，须生慈悲为能引起故也。彼等亦非仅于正座时修，即座后等之一切威仪中，皆为忆念相续而修，此《修次第中编》所说也。

【科】癸二　修求菩提之心

依如前所说之次第修已，若见利他，须得菩提，虽亦是生起欲得之心，然尔许不足。如前于皈依时所说，从思身语意业诸功德门中，先当增长信心，次以信心为欲所依，于彼等功德，起诚心欲得，于自义利亦非得种智而不可，以引生决定也。

【科】癸三　认定修果发心

其总相如《现观庄严论》云："发心为利他，希正等菩提。"差别者，随顺《华严经》义,《入行》云:"如何知差别？如欲行及行，善巧于此二，如次知差别。"谓愿行二种也。于此虽显现多种不同，然念为利有情愿成佛之心者，是谓愿心。彼已受戒后心依戒住而犹发心是谓行心。如《修次第初编》所说也。

【科】辛二　依寂天菩萨教授而修

壬初　思惟自他换否之功过

《入行论》云:"谁有于自他，欲速为救护？于自他当换，是即密妙行。"又云："尽世间安乐，从愿他乐生，尽世间苦恼，由欲我乐生。愚人作自利，能仁为利他，依此二差别，何须复多说　我乐与他苦，若不正相换，即不能成佛，亦无世间乐。"谓我爱执者，是一切衰损之门，爱执他者，为一切圆满之处，当思惟之。

【科】壬二　若能修习则彼心发生

如昔为我之仇，若闻其名，便生憎畏。后和为友，倘复无彼，反生大不悦豫，故修心之后，则将自作他，视他如自之心亦能生起也。《入行论》云："难中不应退，以此修习力，闻名生怖者，无彼反不悦。"又云："置我身为他，如是无所难。"设作是念，他身实非我身，将他作自之心如何可生起耶？谓如此身亦是父母精血所成，是亦他之身分。以往昔串习增上，生起我执。若于他身修如己之爱执，亦能生起。彼论云："以是乃他人，精血滴所成，由汝执为我，如是于他修。"如是于胜利过患善思惟者，由至诚修习，生起勇悍，若能修习，则能生起。如是见已，当修习之。

【科】壬三　修习自他相换之次第

癸初　除其障碍

言自他换，或说将自作他、将他作自者，非谓于他想是我，于彼眼等想是我所，谓换爱执自及弃舍他之位置也。生起于他如自而爱执，于自如他而弃舍之心也。是故说我乐与他苦换者，亦谓于自爱执见如怨仇，灭殷殷而作之自乐。于他爱执见为功德，灭弃舍他之苦已，为除彼苦殷殷而作。总之，即不顾自乐于除他苦之事而行也。于修彼心，有其二障，自他苦乐之依自他二身，犹如青黄各各类别而执之，由是于彼所依之苦乐亦念此是我者，或行或除，此是他者，念已而弃，彼之对治谓自他体性无可分别，彼此相待于我亦生他心、于他亦起我心，如彼山此山也，譬之彼山，于此处虽起彼山之心，若到彼山，则生此山之心也。故不同青色，任观待于谁，亦唯生青色之心，不起余色之心也。《集学论》云："修自他平等，菩提心坚固，唯自他观待，虚妄如彼此。居中自非彼，观谁而成此，本性自不成，观谁而成他。"谓唯是观待其所待而建立，无以自性而成也。又除念他之苦无损于我、不为除彼而励力之碍者，谓若如是者，则不应恐老时苦，于壮时集财，以老之苦于壮无损故。如是则手亦不应除足之苦，是他故也。此说是略为举例，如上午下午等，亦如是加之。设想老壮是一相续，手足是一集聚，不同自他之二也。相续与集聚者，唯是于多刹那，及多集聚而施设，无自己单独之本体，自我他我亦须于彼相续集聚而施设，以唯自他相待之建立，无有本体也。虽然，是以无始串习爱执之增亡，自苦生时不能堪忍，故于他若修爱执，则于他之苦亦生不忍焉。

【科】癸二　正明修法

由我贪增上，以我爱执持，从无始生死直至于今，生起种种不可欲乐。虽欲作一自利圆满，执自利为主要，以行非方便故，虽经无数劫，自他义利皆悉无成。非但不成而已，且纯为苦所逼迫。若将自利之心，换而为他，则早已成佛，自他义利，一切圆满无疑矣。以不如是故，劳而无益，空过时也。今乃了知第一怨仇，即此我爱执持，依念正知多为励力，未生勿生，生莫相续而住，是念决定坚固，多次修之。如是数数思惟爱他之胜利，生起勇决。弃舍他心，未生不生，生莫久续。于他珍惜爱乐悦意，从如何能生之门，如昔于自爱执，应当生起于他爱执之心也。阿底峡尊者云："不知修习慈悲之菩萨，唯藏人知之。"若然如何作耶　谓须从初次第而学也。朗日汤巴云："霞婆巴与我二人，有人方便十八，与马方便一，共十九。人方便者，谓于最胜菩提发心已，任何所作，悉于有情义利而学者是。马方便者，菩提心未生不生，已生不住，不容增长，是我爱执，背弃于此，何能损害而净修，朝向有情？何能饶益而修习者是？"康隆巴云："以我等舍弃有情，所以有情亦于我等如是作也。"大乘根本立与未立，大乘之数人与未人，一切归于此。于一切时中观察此心如何生起，若生者善，若其未生莫如是住，依止示彼之善知识与如是修心之伴常为共住。阅如是开示之经论，于彼之因集积资粮净除业障。自若亦如是修心决定投播如是完全种子，事业非小，理应欢喜。如阿底峡尊者云："大乘法门欲趣入，能除黑暗灭热恼，犹如日月菩提心，经劫励力生亦可。"

【科】庚二　此心发生之量

前已释竟，应当了知。

【科】庚三　以轨则受法

辛初　未得令得

壬初　从何处受

诸先哲所许，谓具足愿心，住彼学处，犹为不足，须具行戒。此与胜怨论师所说相顺也。

【科】壬二　以何身受

以天龙等身，及从意乐门，一切皆堪发愿心，而为此愿心之所依。此中如《道炬注释》云："于生死发出离心，念死及慧与大悲。"是谓以如前所说之次第而修心，于菩提心稍得将意转变之领纳也。

【科】壬三　受之轨则

癸初　加行仪轨

子初　殊胜皈依

丑初　净地设像陈供

于寂静处，洒扫洁净，涂以牛身五物，洒以旃檀等胜妙香水，散布香花，将铸塑等三宝尊形及函轴并诸菩萨像，供置于几座等微妙之案台，幔盖花等供养之资具尽其丰饶，当为设备乐器食物等。善知识所坐之座位亦以香花庄饰陈设，于诸先觉者，更从供僧施鬼等门中积聚资粮。若无力供养，则如《贤劫经》所说，仅供布缕等，亦须作之。若有供者，则须无谄殷重寻求而供，令法侣见者心生惭耻不忍。藏人于阿底峡尊者前请为发心受戒时，曾告曰："供养劣者，菩提心不生。"佛像则须一极善开光释迦佛像，无可无之方便，经函亦须略波罗蜜以上之般若经。次请圣众，弟子沐浴著鲜洁衣，恭敬合掌，戒师当令弟子于诸功德资粮田，至诚生信，想一一佛菩萨前，皆有自身恭敬而住，徐诵七支行愿。

【科】丑二　启白与皈依

次于戒师生大师想，礼拜献供，右膝著地，合掌恭敬，为发菩提心事而请白云："昔诸如来应正等觉，及人大地诸大菩萨，最初于无上正等菩提如何发心，我名某甲，今亦如是，请阿遮黎耶，令于无上正等菩提而发其心。"乃至三请而说，次所对之境，为佛及灭谛为主之道谛法，并不退之菩萨圣众僧。时则从于今日乃至未得菩提之间，为救护一切有情故，佛为皈依之大师，法为正所皈依，僧为皈依修行之助伴，作总思惟。别想如是意乐，于一切时中当不退转。以猛利欲乐，如前所说之威仪而作皈依。"阿遮黎耶存念，我某甲，从于今时乃至菩提于其中间，皈依诸佛两足中尊。阿遮黎耶存念，我某甲，从于今时乃至菩提于其中间，皈依寂静离欲之法诸法中尊。阿遮黎耶存念，我某甲，从于今时乃至菩提于其中间，皈依不退菩萨圣僧众中之尊。”如是三说。此中一一皈依各一存念，及皈依法之辞句与余不同，是依阿底峡尊者所作之仪轨也。

【科】丑三　皈依竟说学处

凡前于下士时所说之诸学处，今于此中阿遮黎耶亦应为说也。

【科】子二　积集资粮

于正传承诸师，及前所说资粮田之前，当如前说而诵七支行愿。

【科】子三　净修其心

如前所说慈悲之所缘行相令其明显。

【科】癸二　正行仪轨

于阿遮黎耶前，右膝著地，或作蹲踞，合掌而发其心。于此发心既作所缘，谛想诚誓乃至未得菩提而不弃舍之意乐，非但发心为求利他，愿当得佛已耳，当依仪轨而发之。如是若于愿心之学处而不能学，不过仅想为利一切有情我愿成佛而已矣。以轨则而发者，于发心之学处，能不能学皆可受之。然愿心可有如是二种：若以仪轨受行心已，于学处不学则为不可，故许从龙猛及无著所传众多之戒轨，有可作不可作之差别者，不应理也。《教授胜光王经》亦云：“若不能学施等学处，但能发心亦成多福。”以作根据。《修次初编》中云：“若人于诸波罗蜜多，虽不能于一切时处，修学一切学处，然亦感果大故，应以方便摄持，而发菩提心焉。”故于施等学处，若不能学，可以发心，不可受戒，极明晰矣。受发心之仪轨者，于十方一切现住佛陀及其一切菩提萨埵之前，请忆念我，“阿遮黎耶存念，我某甲，于此生及余生，施性戒性修性所有善根，自作教作见作随喜，以彼善根，如昔诸如来应正等觉及住大地诸大菩萨，于其无上正等菩提如何发心，我某甲，亦从今时乃至菩提，于其中间，于无上正等广大菩提而为发心，诸来度有情为令得度，诸未解脱为令解脱，诸未出苦为令出苦，诸未遍入涅槃为令遍入涅槃。”如是三反念之。皈依仪轨与此二者，虽无明说须随阿遮黎耶念，然随念为是，此等是有阿遮黎耶之轨则；若不得师，应如何作者？如阿底峡尊者所造之发心仪轨云："如是虽无阿遮黎耶，自于菩提发心之仪轨者，当于释迦牟尼如来及十方一切如来，意念思惟，作礼拜及供养等仪轨已，不须诵阿遮黎耶之辞，但皈依等之次第应如前也。"

【科】癸三　完结仪轨

阿遮黎耶为弟子宣说愿心之诸学处。

【科】辛二　得已中护不失

壬初　修学于此世发心不坏之因

癸初　修学为猛利增长发心故念其胜利

或阅经藏，或从师闻，思惟菩提心之胜利。如《华严经》中广说，必须阅之，彼中如前所引，谓如一切佛法之种子，又谓摄一切菩萨行及一切愿故，犹如略示。此谓广说支分虽有无边，于略示中一切皆摄。彼之略示，是如彼之总聚，谓摄菩萨一切道扼要之总聚也。《菩萨地》所说之胜利，是愿心胜利。彼说最初发心坚固菩萨有二胜利，谓成胜福田，及摄持无恼害福。初者，如说当成世间人天所应礼敬，谓发心无间，即成一切有情功德之处。又如说云："发心无间，从种性门，即能映蔽诸大罗汉。"谓成无上也。又如说云："虽作少福，亦能出生无量果故，为胜福田，及为一切世间所依止，犹如大地。"谓如一切众生之父母也。次摄持无害者，常为两倍转轮圣王之守护神所护，虽在睡眠迷闷放逸之时，诸常住药叉，或诸非人，不能扰害，诸能息灭疾疫传染病之密咒明咒，虽在他有情无有效验，至菩萨手犹能应验，况诸验者。以是显示虽消灾等业，若发心坚固，则易效验。于诸共同之成就亦因有此愿心则速成也。随所住处，恐怖饥馑非人等灾，诸未生者即不生等，舍命之后损恼亦少，且无诸病，具足忍辱柔和，能忍他害，而不害他等。又复恶趣难生，虽生恶趣亦速解脱，于彼亦仅受微苦，并依此缘极厌生死，于诸有情而起悲愍。由菩提心所获之福，设有形色尽虚空界亦难容受，以财供佛未足少分。《德施所问经》云："菩提心之福，假使有形体，空界遍充满，犹复有盈余。纵尽恒沙数，诸佛刹中人，满盛诸珍宝，奉献世间尊。若有以合掌，心礼于菩提，此供养殊胜，彼无有边际。"阿底峡尊者绕金刚座而行，曾思如何作速得圆满菩提，诸小形像，悉皆起立，问诸大者云："欲速成佛，当于何学 " 答曰："当于菩提心而学也。"又于道场上虚空中，有一老母，幼者问之，亦如前答。尊者闻已，于菩提心大生决定云尔。如是摄大乘诸教授之关要，一切成就之大藏，超出二乘之大乘别法，于诸佛子广大行劝勉之最胜依者，当知是菩提心也。于修习彼当增勇悍，如患渴者忽闻水名，应于多劫中，以希有智，最极微细观察诸道，知唯此为成佛最胜之方便，佛及菩萨所见故也。《入行论》云："于多劫中极观察，诸佛见此有胜利。"

【科】癸二　修学增长于六次发心

子初　修学不舍已发之愿心

如是既请佛菩萨善知识为作证明，于彼等前，为未得度有情发令度脱等誓后，若见有情数量众多，且复造恶，须于多劫励力历时久远，况二资粮无边难行皆须修学。以此为缘生起怯弱而置发心之担，则较别解脱戒之他胜其罪尤重，此《摄抉择分》中所言也。倘舍誓受之心，须于恶趣长夜流转，此《入行论》中说也。又云："如盲于粪聚，如何而得宝，如是何幸遇，我发菩提心。"当念我得此者，甚为希有，于一切中不应舍离。缘念于彼，一刹那顷亦不放弃之誓愿，应多修习。

【科】子二　修学增长

如是仅不弃舍犹为不足，须于昼三次夜三次以大勤勇令其增长。此复如上所说之仪轨，若能广修当如彼作。若其未能，则于福田观想明了，献供养已修慈悲等，当六次受持也。此之仪轨者，即"诸佛正法菩萨僧，直至菩提我皈依，以我所修诸善根，为利有情愿成佛。"每次三返也。

【科】癸三　修学不舍有情

须知弃舍有情之心量如何，如依作不应理等因缘，便起是念，从此任何时中，亦不作此义利也。

【科】癸四　修学积集福智资粮

以仪轨受愿心已，于日日中当于增长菩提心之因，供养三宝等积集资粮而努力焉。

【科】壬二　修学于他生亦不离菩提心之因

癸初　修学远离能坏之四黑法

四黑法者，一谓于和尚阇黎尊长福田而作欺诳，欺诳境中，和尚阇黎易知。尊长者，谓欲作饶益人。福田者，前所不属之具德者也，于彼等前为作何事而成黑法耶？谓于彼等随于何境，心虽了知故作欺诈，即成黑法。而非妄之谄诳者，如下当说，此中须以虚妄而欺诈之。《集学论》云：“断诸黑法，是为白法。”此之对治，是四白法之第一也。二令他于无悔处生悔，谓他修善无悔之补特伽罗，于彼所作之事，以令悔之意乐，于无悔处令生悔也。于此二中，能不能诳，及生不生悔皆同。三诽谤安住大乘之有情，谓于菩提发心现前具足律仪之人，于彼所作之事，以瞋心发起而说不雅之恶言。对于境说者，谓了解其义之人也。生此甚易，而过患亦极重，前已略说。复次，若于菩萨生轻毁心，尽彼劫中而彼菩萨须住地狱。除谤菩萨，余任何业，皆不能将菩萨堕于恶趣，此《最极寂静决定神变经》所说也。《摄抉择分》中亦云：“未得记莂之菩萨，若于记莂菩萨忿恚诤毁，随起几许恚心，须于彼许劫中，复从初始修行地道。”是故于一切中须灭瞋恚。设若生起，无间而忏，于其防护亦须励力，即彼论中所说也。四随行谄诳无正直心，其境者，谓他有情俱可，于彼如何作者谓行谄诳，其中谄诳者，如以升称为遍等。诳者，如无功德诈现为有。谄者，于自作罪方便不显。此《集论》中说也。

【科】癸二　修学受持不坏之四白法

即反四黑法也。其中一白法之境者，即一切有情也。所作者，于彼设遇丧命因缘，下至戏笑，断故知妄说。若如是作，即自能于和尚阇黎等增上境不生欺妄也。第二白法之境者，谓一切有情。所作者，于彼无谄诳，以正直心而住，此是第四黑法之对治也。第三白法之境者，谓一切菩萨。所作者，起同大师之想，随于四方赞其实德。夏惹瓦云：“我等虽作微少之善，然无增长之相，而坏尽之相则甚多。于菩萨及法侣，以瞋恚轻蔑，互生疮疱，而坏尽也。”以是若能将此及于菩萨前所生之疮疱断之，则《集学论》中所说之依于补特伽罗而起之损失，将俱不生。以不知菩萨于何有故，应如《迦叶问经》“于诸有情也，生大师想”是修净相，以作增上云耳。又护功德，是谓听者至时，非不往四方称赞而成过失也，此为第三黑法之对治。第四白法之境者，自所成熟之有情也。所作者，令不乐小乘，执持圆满菩提也。此亦就自己说，须将所化之机安立于圆满菩提。若所化之机不生圆满菩提之意乐，则不成罪，以不能成办之故耳，以此断第二黑法。若有至心将他安立一切安乐之究竟欲乐，则虽仅令他发生少不乐之追悔，及令不乐之加行，必不为也。

能如是则必不失菩提心，《狮子问经》云：“累生于菩提，心于梦不舍，况于未睡时，不须说何成。佛告曰：或村或城邑，随其所住处，正入于菩提，以是心不舍。”复次《文殊庄严刹土经》云：“断除我慢嫉妒悭吝，及见他富饶意生欢喜，若具此四，不舍所愿。”又《宝积经》云：“若于一切威仪中修菩提心，及随作何善之先修菩提心，则于他生亦不离此宝贵之心。如是于一切中而为观察”等，显然而说也。

【科】辛三　犯已还净法

除不舍愿心，及心不舍有情二者之外，若违诸所学，乃至未具菩提戒之间，虽无菩萨之堕罪，然以有违誓受之学处，故成恶行，当以四力而忏之。

【科】己三　发心已学行之法

庚初　发心已于学处须修学之相

如是发愿心已，于施等学处不能修学。彼亦如前所引《慈氏解脱经》所说，虽亦有大胜利，然若不于菩萨学处修行心要，则定不能成佛，故于行当学也。《三昧王经》云：“以是当以修为心要也。何以故？童子！若以修为心要，则得无上正等菩提不难故也。”又《修次初编》亦云：“如是发心菩萨，知自未调伏不能调伏于他已，自于修布施等极作加行，以无修行则不得菩提也。”修者，谓受戒已，于彼学处而修学是也。

【科】庚二　方便与慧随学一分不能成佛

方便与慧随学一分不能成佛，故须转入修成佛之方便。然彼亦须一不错之方便。途径若错，任几许努力，果仍不生，如欲取乳而掣其角也。又虽认为不错，若支分不全，亦费力无果。譬同种子水土等，若随一不具，苗即不生。此《修次第中编》所说也。若尔，何为全而不错之因缘耶？《大日经》云：“秘密主！彼一切种智者，是从大悲之根本生，是从菩提心之因生，是以方便而到究竟。”此中悲者，如前已说。菩提心者，世俗、胜义二菩提心。方便者，施等皆圆满也，此莲花戒所说。有一类人于如是之道起邪分别者曰：“凡是分别，不但恶分别，纵是善分别，亦是系缚生死，以其果报不出生死。如金索绳索咸成系缚，黑白二云同覆虚空，白黑狗咬皆生痛苦也。以是之故，唯有无分别方是成佛之道。其施戒等者，是为未能修如是了义之庸愚而说。得了义已，而更入彼等行者，如同国王降为农民，得象已而寻象迹也。”作是说者，引八十种赞叹无分别之经以作根据而成立也，彼谓一切方便，非成佛之正道，成大诽谤。以遮佛所教示之心要，分别无我慧之观察，远舍胜义故。此莲花戒尊者虽以无垢教理善为破除，广建诸佛悦豫之善道。然至今犹有一类轻持戒等诸行者，于修道时，舍弃彼等，如前而作。又有一类，除谤方便外，见解亦同彼，及诸余者，舍以分别慧求真实之见，而许彼之任何不思为善也明矣。彼等尚不成为修空性之品类。纵许是修空性，谓善能修习者惟修空性，不须修俗谛行品者，是则显然与一切佛语相违，而乖道理者也。诸大乘人之所修，是无住涅槃。彼中不住世间者，是以通达真实之慧，依胜义道之次第，或甚深道，或智资粮，或慧之支分等而修。不住寂灭涅槃者，是以了知尽所有性之慧，依世俗道之次第，或广大道，或福资粮，或方便之支分等以修习故也。《秘密不可思议经》云："智资粮者，是断一切烦恼也。以福资粮者，是长养一切有情也。世尊！以是因缘，菩萨摩诃萨当于福智资粮而精进也。"又《说无垢称经》亦云："诸菩萨之系缚云何？解脱云何？答云：无方便摄之慧者系缚也，方便摄之慧者解脱也，无慧摄之方便者系缚也，慧摄之方便者解脱也。"又《象头山经》云："诸菩萨之道者，总略为二。云何为二？所谓方便及慧也。"彼等诸义,《道炬》亦云："离慧度加行，而障不能尽，故为断无余，烦恼所知障，慧度瑜伽师，常应修方便，由慧离方便，及方便离慧，故佛说云缚，以是二勿离。"又云："具慧度行舍，施波罗蜜等，诸善资粮净，佛说为方便，诸修方便力，而复能修慧，彼速得菩提，非唯修无我。已曾通达蕴，处及界无生，了知自体空，遍释名为慧。"明显而说之。《宝髻经》云："须具足施等一切方便,而修一切种最胜之空性。"又《集研核经》云："诸菩萨为菩提故而修六度。诸愚痴人，谓但应学慧度，以余何须用　此破坏心也。"复云："又诸愚人，谓唯以一法而证菩提，即空性是。彼等之行，皆不净也。"倘作是想，修学施等诸行者，是无坚固通达之空性，若有则足矣。设如是者,则已得初地等诸佛子,及特于无分别智获得自在之八地菩萨,当不须行,然此非应理。十地菩萨，虽各地以施等而为主要，然非于余等不行也，以《十地经》说故。谓十一一地，或行六度或行十度也。特别于八地中，一切烦恼皆已断尽，安住寂灭一切戏论胜义之时，复由诸佛劝云："仅此通达空性不能成佛，以诸声闻独觉亦得此也。须观我等身相智慧刹土等诸皆无量，我之力等亦汝所无，故应发起精进。又应思惟种种烦恼侵扰未寂之有情，亦勿舍弃此忍门。”如是劝已，于菩萨行犹须修学故，余人须行则何待言哉！至于无上密部最高道时，虽有不同，然总于金刚乘及波罗蜜多乘，于发菩提心及学六度共同之道，大体相同，如前已说，若复作是言，非说不须施等，谓于彼等任何亦不思惟，则施等皆完全矣。以不耽著能施所施施物故，而无缘之施即全，如是余等亦全，经中亦说于一一度中摄六度故耳。倘仅以此即全者，则外道于心一境性之止中平等住时，亦无耽著故，当全一切波罗蜜多。又别如《十地经》说，虽声闻独觉，亦有于法性无分别智，于彼平等住时，当全一切菩萨之行，成大乘也。若因经说，一一度中便能摄六，即以为足，则献坛供，亦说涂牛粪水之行施有六，唯为彼而应理耶？是故以见摄行，及以方便摄慧者，譬有慈母，因爱子死为忧所苦，与余谈说等时，任起何心，而忧恼之势力不灭，然非一切心皆是忧心。如是若通达空性之智势猛，则于布施礼拜旋绕等时，缘彼等心，虽非通达空性，然具彼之势力而转，亦无相违。初修之时，若以猛利菩提心为前行，则虽住空性定时，菩提心不现起，然以有彼力执持，亦无相违，慧与方便不相离之理，亦如是也。于说福德资粮之果，为世间身财长寿等，亦不应错误，若方便与慧相离，虽是世间，倘以慧摄持，则极可为解脱与种智之因也，如《宝鬘论》云：“大王！佛色身，从福资粮生。”教有无量也。复次，汝设作是说，虽趣恶趣之因，一切恶行烦恼，皆能转为成佛之因。或又说言，虽成善趣之因施戒诸善，亦是生死因不成菩提之因，此当平心而论。又于经说，于施等六度，现行耽著，是魔之业。《三蕴经》亦云：“由堕所缘而行布施，及执戒为胜守护戒等，彼等一切皆当忏悔。”又《梵问经》云：“尽其所有一切行之观察者分别也，无分别者菩提也。”如是等处，不应误解。初之义者，由于二我颠倒耽著，而发起行施等者，以不清净说为魔业非谓施等即为魔业，若不尔者，说堕所缘而施，则不须堕于所缘，理应总说布施当忏悔，然不如是而说故耳。《修次第末编》中如是答覆之理，最为切要。若邪解此已，则将一切行品为执补特伽罗或法我之相，认为有相故也。苟念舍此物之舍心，及念防此恶行之防心，并如此一切善分别，皆是执三轮之法我执，则诸得法无我见者，当如瞋慢等而灭一切种为应理，不可为彼而依之矣。若将此为此想之一切分别皆属分别三轮之法我执，则于善知识功德，及思暇满义大等，并念死、思恶趣苦及皈依，从此业生此果，修慈悲菩提心，于行菩提心之学处等一切修学，皆是须想此者此也，从此生此，于此有此功德过失。如是思惟引生决定。于彼有几许大之决定，则法我执愈增长。又于法无我修几许大之决定，则彼等道之决定渐次微小。行与见之两方面，如寒热之相违，于此二种，无生猛利恒常决定了知之地位矣。是故如于果时所得之法身及色身二不相违，则于修道时亦须于二我相执之寄托，须无微尘许之戏论，引起决定了知，与从此生此及于此有此功德过患等，亦引起定解，二者不相违也。彼亦于根本之见，抉择二谛之理而得自在。以教理正之，于一切世出世法之本体中，抉择无有尘许之自性成就，而安立胜义之量，与因果法，亦不爽毫厘，别别决定安立因果名言之量，二者彼此互助，岂成能损所损者哉！于此若得决定，则可称为通达二谛之义及得佛意者也。第三经义，彼经尔时，是观察生住等时，说施等于真实不生，谓分别者唯是安立之意，非说不依彼等而当弃舍。此《修次末编》中说也。以一分道品而不足者，《集经论》亦云："离善巧方便之菩萨，不应于甚深法性精进勤修。"明显说之。《秘密不可思议经》亦云："善男子！譬如烈火，从因而燃。因若无者，则当熄灭。如是从所缘而心然，若无所缘，心则寂灭。善巧方便之菩萨，以清净般若波罗蜜多，了知寂灭所缘。于善根所缘，亦不寂灭。于烦恼所缘，亦不生起。于波罗蜜多所缘，亦为安住。于空性所缘，亦为分别。于一切有情以大悲心，于所缘亦观也。"谓于别别所说无缘有缘，须判别也。如是于烦恼及执相之缚须缓，学处之绳则须紧，于性遮二罪须坏，于诸善业则不须坏，故以学处拘束，与为执相之缚，二者不同。守戒而缓，及我执之缚而缓，二者亦不同。坏与解脱等义，亦应善为观察。莲花戒阿阇黎破不作意之理者，谓住于抉择胜义理之见上，于余任何亦不作意，专注一趣而修者，非其所破。若非住于抉择胜义理之见，而心不行动，任何亦不分别而住，为修空性者，是所破也。此是显密皆同。然显密二中，以分别慧观察已，于彼修习有如何共同与不同之理者，下文当说之。

卷五

【科】庚三　正释于学处修学之次第

辛初　总于大乘修学法

壬初　于菩萨学处求

虽调伏律与密宗戒二者，于未受各各律仪之前，不可听其诸学处，然此菩萨学处则不同焉。先知诸所应学而净修其因已，若能勇悍执持，乃传其律仪，以是先须知诸学处，以作意所缘境，于彼至诚修极欲学而得律仪者，则甚坚固，斯为善方便矣。

【科】壬二　学已受菩萨戒

《戒品释》中曾将初如何受戒之规，次彼无间于根本堕罪及诸恶作守护方法，并违犯还出之规律等，广抉择已。于受戒之先，决须观览彼释而知之。

【科】壬三　受已修学之法如何

癸初　依何学处

菩萨所依学处，明晰分之，虽无边际，若以类摄，可于六度摄菩萨一切学处。六度者，是摄菩萨道一切关要之大总聚也。

【科】癸二　诸学摄于波

子初　正义数决定

世尊略说六度之总聚，补处弥勒菩萨乃将如是所说之因相关要，如佛密意而为显释令生决定智，是此诸数决定之理。若于此理获得夺意之定解，则于修习六度，自当认为殊胜之教授也。此中有六：第一观待于增上生数决定，欲得圆满菩提诸广大行，须经多生之相续。于彼道次第之进步，若无一体相圆满所依之身，如现世之身仅有一二支分，任修何种亦难增长，故须一圆满一切支分之身。彼亦须具足所受用财、能受用身、同受用之眷属与能成办之事业四种圆满也。虽有彼许之圆满，然多随烦恼缘而转，故亦须不随烦恼增上而转。然此亦未足，须于诸取舍处不颠倒行，善能分别于所缘境。若不尔者，如竹苇芭蕉之结实，及骡怀妊而反自害，即以彼圆满而成害故也。若具慧者，则知为昔善业之果，仍更于诸善因努力，渐成增长。若无此慧，先积之果受用令尽，新者未增，后则从始感苦焉。故于余生，感六盛事，非从无因及不顺因中出生，其随顺因亦如其次第六度而决定，修道时之资具等者，即为现时之增上生，身圆满等究竟之增上生者，唯佛地有也。如《庄严经论》云："现上受用身，眷属勤圆满，烦恼常无力，所作不颠倒。"第二观待于成就二利数决定，若以如是之身学菩萨行，菩萨之事唯二而已，谓修自他之利也。于修利他，首须以财而作饶益。彼中若具损害有情之施，则任何亦无成就，善能遮止损害他之所依，是大利他，故须戒也。于戒圆满，若他来损害而不能忍，或一或二而作报复，则戒不清净，故于他损须不顾念之忍也。以不报复，能免他积多罪行，彼欢喜已，有善利行，故成大秘他矣。自利者，是以慧力得解脱乐，然彼于散心不能成故，须以静虑令心等住，于其所缘方得如欲安住之堪能焉。又于彼有懈怠亦不生，故须于一切昼夜，勤不疲厌之精进，此为彼等之根本也。以是于彼二利六度决定。颂曰："勤起舍不损，行忍利有情，住及解脱本，自利诸处行。"于此未说利他一切处也。言住及解脱者，谓心住所缘是静虑之迹，解脱生死是慧之迹，此二若各各分别，则于止不误为观也。第三观待于成就圆满一切利他相数决定，先以财施除彼贫乏，次于有情不作损害，犹不仅此，且堪忍害他，为他助伴不厌精进，依于静虑，以神通等令意悦欲堪成法器，依慧善说，断其犹豫令得解脱，故六度决定。颂曰："不乏亦不损，忍害事无厌，令喜及善说，利他是自利。”第四观待于摄一切大乘数决定，谓于已得受用无贪，未得受用而不希求，无有顾恋，如此则能守护学处，受持净戒而复敬重，于依有情及非有情所生苦恼，堪忍无厌，随于何善所作加行，勇敢无厌，及修止观无分别瑜伽，以此六事摄大乘一切所行，彼等亦以六度次第而成办，无须多故。颂曰：“不贪著受用，极敬二无厌，五分别瑜伽，摄大乘一切。”第五观待一切道或方便之相为增上数决定，于已得境界受用不贪之道或方便者，是谓布施，以串修舍，于彼离贪故也。为求得未得境界，于彼功用散乱作防护之方便者，是由安住于苾刍律仪，不生事业边际之一切散乱故也。不舍有情之方便者，是谓忍辱，以作一切损害之苦、立思不舍离故也。增善方便者，是谓精进，由勤精进、善增长故也。净障方便者，是末二度，以静虑净烦恼障、以慧净所知障故也。是故于六度决定。颂曰：“于境不贪道，防得彼散乱，不舍有情增，余为净治障。”第六观待于三学数决定，戒学之体即是戒度。此须有不顾受用之施，方能受戒，故施为戒之资粮。受已又以他骂不报等忍辱而为守护，则忍为戒之眷属。静虑是心学，慧是慧学也。精进遍通于三学所摄，故六度决定。颂曰：“三学作增上，佛正说六度，初三末二二，一者三分摄。”如是当以如何圆满之身、自他之利如何圆满、住于何乘、具足几种方便之相、修何学处而能圆满身利大乘方便学等者，当知即为六度。是菩萨修持一切要道之总聚，乃至未得广大甚深定解以前，当思惟之。

【科】子二　兼说次第决定

丑初　生起次第

若有于受用不顾不贪之施，则能受戒；若具防止恶行之戒，当能忍辱；若有不厌难行之忍，则逆缘少而能精进；若于日夜勤行精进，则心于善生起堪能之三昧；若心等引，则生通达真实如所有性之慧也。

【科】丑二　胜劣次第

前前劣、后后胜也。

【科】丑三　粗细次第

前前较于后后，心易转而事易做，故相粗显。反之后后较于前前，知与行俱难，故前粗后细也。《庄严经论云》：“依前而生后，住于劣胜故，粗显及细故，说彼诸次第。”

【科】癸三　修学之次第如何

子初　行者总修学法

丑初　学行六度成熟自佛法

寅初　布施学处

卯初　施之自性

舍之善思，及彼发起之身语业，是彼身语于施趣人时之思也。彼中圆满布施波罗蜜者，非待以所施物惠舍于他，令诸众生尽离贫苦，谓但自坏悭执，并将施果舍他之心修习圆满，则成就施度也。

【科】卯二　施之差别

辰初　对人不同之差别

财施为在家菩萨所作，出家菩萨应行法施，不行财施。是《菩萨别解脱经》中所说也。此中密意，谓于闻等当成障难，此《集学论》中所说也。然此是遮出家求财而舍施，若于自善所作无所防损，以昔福力多所获得，则亦须行财舍也。夏惹瓦云：“我不为汝说舍之胜利，但说执持之过患。”是于出家之碌碌营求，积集财货于戒多生疮疱而行施舍，为不悦之言耳。

【科】辰二　施自性之差别

施自性之差别有三：一法施者，宣示无倒正法及工巧等，世间元罪之事业边际，如理教示，并使受持学处也。二无畏施者，于王贼等人之怖畏，及狮虎等非人并诸水火大种之怖畏，悉救护之。三财施者，舍财于他也。

【科】卯三　于身心生起之法

若于身财有悭吝者，不成施度。悭吝乃贪所摄，虽劣乘二种罗汉亦并种子摧断无余故，是故非仅唯除碍施遍执之悭吝，须至心生起将一切物于他施舍之意乐也。此中须修摄持之过患，与施舍之胜利。初者如《月灯经》中所说，见此身不净，命动若悬岩之水，身命二者是业所自在，全无自主，妄如梦幻，须断除于彼之贪著。彼若未遮，则随贪增上，辗转积集诸大恶行，而堕赴于恶趣也。次者，如《集学论》云："如是我身心，刹那刹那去，无常有垢身，若以得无垢，菩提岂非彼，无价而获耶。"正生起之法者，如《入行论》云："虽身及受用，三世一切善，为利有情故，无惜当舍施。"谓以身、受用、善根三者为所缘境，舍于一切有情之意乐，当数数而修习之。复次当知，以现在胜解未熟，观力微弱，于有情所，虽以意乐已施身竟，然肉等不应实与。虽然，若不修舍身命之意乐，无由串习，则以后身命亦不能舍，如《集学论》中说，须从现在而修意乐也。如是若于已至心舍与有情之衣食等而为受用，忘为利他而当受用衣食等之意乐，以爱著自利而受用者，则成染犯。若无爱著，或忘缘一切有情之想，或贪为余一有情故者，非染堕也。于彼等回向于他之物，作他物想，若为自故而受用者，成不与取，其价若满，则成别解脱之他胜。若作想云，受用他有情之财，应作他事而受用者，则无罪。此《集学论》中说也。成他胜理者，谓至心回向于人趣，彼亦了知摄为已有，作是他物想，为自利而取，若满其价，有可成他胜罪之密意云耳。复次，以至心净信，分别变化无量种类所施之法，以胜解而施于有情之胜解行者，则少用功力，增无量福。此为菩萨具慧之布施，是《菩萨地》中说也。虽于学施度之时，若能具足六度而修学，其力尤大。尔时防护于声闻独觉作意之戒，及于种智之法胜解堪忍而忍他骂，为令上上增长故，发起欲乐之精进，以不杂下乘之心一境性，将彼之善，回向于圆满菩提之静虑，于诸能施所施受者等，有了知如幻之慧，具六度而行之。

【科】寅二　戒之学处

卯初　戒之自性

由遮止损他事，令意起厌离之思者谓之戒。是以律仪戒为主，增上而作也。以彼思之串习，而成上上圆满戒波罗蜜多，非谓于外能令有情胥离损害之门。《入行论》云：“从得远离思，说戒到彼岸。”

【科】卯二　戒之差别

戒之差别有三：一律仪戒者，若就发起作增上，是断十不善之十种远离。若就自体作增上，乃断七不善身语之七种远离也。此菩萨地中说。菩萨身心之律仪戒，即七众别解脱之意者，若是具别解脱律仪具菩萨戒律仪者，则或在家或出家品之正别解脱律仪，及与彼身心共同所断律仪者，是律仪戒。若是不堪为别解脱律仪之身，具菩萨律仪戒者，则远离共别解脱之性罪，及远离随类制罪之远离律仪者，是律仪戒也。菩萨身心之别解脱律仪者，虽是菩萨身心之戒律仪，然非菩萨之正律仪，其余者，有与菩萨律仪所依相顺也。二摄善法戒者，缘于六度等善，于自身心，未生令生，已生令无衰退，辗转向上增长也。三饶益有情戒者，从戒门中，于有情今后无罪之义利，如理而为之。

【科】卯三　于身心生起之法戒清净

由于行止，如制守持，而得自在，彼亦随顺猛利欲乐守护而坚固。于彼生起，须久修不守护之过患，及守护之胜利，于前中士时已说。复次，《摄波罗蜜论》云：“坏戒尚不能自利，利他有力如何成？是故利他善勤者，于兹缓漫不应理。”又云：“彼戒是得殊胜道，与诸悲性平等修，最胜净智之自性，名为离过胜庄严。悦意香薰遍三界，出家不违之涂香，虽形仪同若具戒，彼于人中成殊胜。”谓依于此，则身心由上趣上，与诸禀性有悲之大萨埵同等所学，得断一切恶行种子之净智。世间装饰之具，施于甚幼及甚老者，则不端严，反招讥笑。戒饰具者，老少中年，任谁具足，一切皆生欢喜，是为胜妙庄严之具也。余妙香者，但趣顺方，不趣逆方，是一方分。戒称之香者，则趣一切方所。诸除热恼之旃檀涂泥，于出家用之则相违，然救烦恼热之涂香者，于出家不违而且顺也。仅具出家相，虽形仪同，然若具戒财者，则较余为最胜也。又前论云："虽不自赞不致力，聚所受用之承事，无须狼戾世皆敬，无功不行得自在。生无谈论之种姓，不作饶益兰若者，虽先不识诸士夫，礼彼具戒之士夫。足下所履吉祥尘，以胜顶受天人礼，稽首获得皆持去。"当如说而思之。如是戒虽有三，而正以律仪戒。于别解脱之制罪，或与彼共同处以作行止，此在菩萨亦为首要。若护于彼，余亦成护，若不护彼，余亦不护。若坏菩萨律仪戒，是坏一切律仪。此《摄抉择分》中说也。是故若作是想，谓别解脱律仪是声闻戒，弃彼之行止诸制，而菩萨之学处须于余学者，是未知菩萨戒学之关要也。律仪戒者，为后二戒之根本依处，以多次说故。律仪戒之主要，亦是断诸性罪。摄诸性罪重大过患之关要者，是断十不善故。于彼虽仅等起心亦防护不令生起，当数数修之。《摄波罗蜜论》云："善趣解脱安乐道，十善业道不应坏，住此思惟利众生，当有意乐胜果生。诸身口意当正护，总谓是戒佛所说，是摄无余戒根本，故于此等当净修。"总之以彼为本，于自所受戒学，数数修学防护之心等，即戒之修持也。具足六波罗蜜而作者，自住于戒，亦安立他于彼者是施，余者如上。

【科】寅三　忍之学处

卯初　忍之自性

耐他损害及自生苦而能安受，心正直住，于法善思胜解。彼《相违品》，谓瞋恚怯弱不解不乐也。此中忍度圆满者，但是灭自忿等，心串习圆满，非观待一切有情悉离暴恶也。

【科】卯二　忍之差别

谓他作损恼，皆不在念，自身生苦，安忍受之，于法决心堪忍也。

【科】卯三　于身心生起之法

须知修忍之胜利，及不忍之过患也。初者，应思当来，无多怨敌，亲友不离，有多喜乐，临终无悔，身坏之后，当生天中也。如《摄波罗蜜论》云："于有将舍利他意，最妙对治说为忍，世间善乐诸圆满，于瞋过中忍皆救。是具力者胜庄严，是断难行最胜力，是息害心野火雨，今后诸损忍能除。以胜士夫忍甲铠，暴恶众生语之箭，反成赞叹微妙花，亦成悦意名称鬘。"又云："具德庄严饰相好，着色工巧亦忍是。"于此胜利，乃至未得猛利坚固决定，当修习之。次不忍之过患者，《入行论》云："千劫所积集，供养善逝等，所有诸善行，一瞋皆能坏。"此如马鸣菩萨所说而建立也明矣，《文殊游戏经》中则说为坏百劫积集之善也。所对境者，一说须于菩萨，一说于普遍之境。前者与《入中论》中"何故以瞋诸菩萨，百劫所积施戒善，以一刹那能摧坏"所说同也。生瞋之所依者，虽菩萨若瞋犹坏善根，况非菩萨而瞋菩萨哉！其境为菩萨随知不知见可瞋之原因随实不实，皆如前说能坏善根，同《入中论注》中说也。总之坏善根者，不必须瞋菩萨，如《集学论》引说一切有部律云："苾刍于发爪窣堵坡，若净信心以一切支分而作礼，乃至金刚地基，尽其所压几许地之微尘，当受用千倍尔许转轮王位。"又云："彼善根者，若于同梵行所，出生疮疱，悉当坏尽。以是之故，若于株杌犹不起瞋，况于具识之身耶。"坏善根之义者，谓坏往昔诸善能速生之果，转令果久远，而先出生瞋之果，以后遇缘，各各之果仍当出生。盖世间道，随以何法，皆不能断所断之种子，以烦恼无有能断之种子故也。此有类善巧者所说。然彼因相不为决定。异生以四力对治不善之清净，虽非断种，然其后遇缘，异熟亦不生故。又得加行道顶忍位时，虽未断邪见，及恶趣因之不善种子，然纵遇缘，亦终不生邪见及恶趣故也。如云："业向重处牵。”谓善不善业以何先熟，余业则暂无熟之分位。仅依此理不能建立为坏善不善，彼未说故。惟就异熟暂远，不可以为坏善根义，若不尔者，则一切具力不善业，皆应说为坏善根也。是故此中清辩阿阇黎，如上所说，以四力而净不善及以邪见瞋恚而坏善根二者，如种子坏，虽遇缘亦不生芽，后虽遇缘果亦无能生也。彼亦如前所说，虽修四力忏罪而能清净，然生上道则迟缓，亦不相违。故有一类所许，谓虽坏出生布施持戒受用及身圆满之果，然不能坏修习施舍及断心之所作等流，后仍易生施戒之善根。又有一类则谓虽坏出生内戒等之所作等流，同类相续，而不坏出生身受用等圆满。复有一类则如前所说，若不瞋记莂菩萨，则以一劫能行圆满所证之道，倘生一瞋恚之意乐，虽不舍彼身心中已有之道，然以一劫行道则迟缓。总之如净不善，无须令彼一切皆净，其坏善根，亦不须令彼一切皆坏，想当如是耳。虽然，此最切要，须唯佛之教及依彼之正理而观察也。当善阅经教以观察之。如是感极猛利不悦意之异熟，及灭于他世出生极悦意之异熟果者，是非现见之过患也。现法中过患者，意无领受寂静调柔，坏先所有欢喜安乐，后不复得，不能安眠，心不正住。若瞋增盛者，虽昔以恩而为将护，亦皆忘恩而兴杀害。虽系亲友亦为断绝，纵以施摄亦不住等。此《入行论》所说也。又《入行》云：“无罪恶如瞋，无难能如忍，由是应殷勤，种种理修忍。”思惟胜利及过患，当从多门励力，修习堪忍。积集极苦异熟与摧坏善根二者之恶行，不定唯瞋，如诽谤因果之邪见及谤正法，于菩萨师长等前生起轻蔑我慢等。于《集学论》中，应当了知。

修耐怨害忍之理者，观察彼能害之人，于不作害有无自在，以非有自在故为损害。谓以宿习烦恼种子，及非理作意等因缘，而起欲作损恼，以是复起诸损之加行，由此于他发生苦故。然彼亦为烦恼自在，如作僮仆，于自无主。被他劝使而作损害，故瞋不应理。譬如被魔所附者，随彼自在而转，虽遇来救解为作饶益之人，彼反作损害而行打等，然皆念彼因魔力故，毫无自主故如是作，于彼无少忿恚，惟努力令其离魔。菩萨亦须如是作也。《四百颂》云：“瞋亦鬼所持，医不愤如是，能仁见烦恼，非属烦恼人。”又如月称阿阇黎亦云：“此非有情过，此乃烦恼咎，察已诸善巧，不忿诸有情。”复次，领受损害所生苦者，是受我往昔所集恶业之果依于彼故，此业当尽。若于彼修忍，则不新集于后受苦之因。若瞋恚者，则彼业亦须受极大之苦焉。以是之故，如疗重病之方便，须忍于针灸，为除大苦，而忍小苦，极应理也。

修安受苦忍之理者，彼已生苦，若有治法，则不须意不喜悦。若不可治者，虽不欢喜，亦无益而有过。倘太娇惯，虽微小苦亦极难堪忍；若娇泰小，虽大痛苦亦能耐故。心持苦品之理者，谓若无苦，则于生死不希出离，故有能劝解脱之功德；又若遭痛苦，则摧矜高，故亦有除慢之功德；又若领纳猛利苦受，则思彼苦从不善生，不欲彼苦之果，须止其因，故亦有于罪恶生羞耻之功德；以苦逼者，则希欲安乐，需彼安乐须修善故，亦有于修善生欢喜之功德；比例自心，念他亦苦，于轮回者知生悲悯，念此苦恼是希求处，而数数修心。彼复如云：“若修不易成，此事定非有，以是修小苦，大苦亦当忍。”执持安受苦意乐之甲胄，渐于小苦受之，则安受苦力，当愈增广也。

修法思胜解忍之理者，信境谓三宝，证境谓二无我，欲境谓佛菩萨之大力，取舍之境谓善行恶行之因及彼等果，修习境所得之义谓菩提，得彼之方便谓菩萨学处之道，闻思之境谓十二分教等之正法，于彼等须无类别而修胜解也。

【科】寅四　精进学处

卯初　精进自性

于摄善法，及作有情义利之故，心生勇悍，及由彼心所起三门之动业，广如《菩萨地》中说。

【科】卯二　精进差别

精进差别有三：一擐甲精进者，菩萨于精进加行之前，其心勇悍为先导，而擐意乐之甲。以百千俱胝倍三无数大劫，为除一有情之苦，乃至唯住地狱而能成佛，亦勇悍而为，为以圆满菩提故而行精进。如是住于精进，犹且不舍，况于短时小苦则何待言哉，如此念已，而著意乐之铠甲。二摄善法精进者，为修六度故，于彼应行。三饶益有情精进者同前。

【科】卯三　于身心生起之法

于身心生起之法中，勤发精进之胜利者，《庄严经论》云："善法聚中精进胜，由依此故彼随得，以精进后住胜乐，世出世所摄成就。精进当得世受用，精进能具极清净，精进超脱萨迦耶，精进成佛胜菩提。"《摄度论》亦云："若具无厌大精进，不得不成悉皆无。"又云："非人于彼喜饶益，当得一切三摩地，有果度诸日夜时，以功德聚不下堕，得胜人法之诸事，增长犹如青莲花。"不勤发之过患者，《海慧问经》云："具懈怠者，于菩提极远而甚远；诸具懈怠者，从无布施乃至无慧；诸具懈怠者，无能利他。"又《念住经》亦云："唯一烦恼本，何有如懈怠？谁有一懈怠，彼是无诸法。"如说应思。正生精进之违缘有二：一虽见能修善法而不行，二念我何能修彼之怯弱。初中复二，一念后有暇而作推缓，二为庸常事等所映蔽。初之对治者，当思已得人身，速当坏灭，死堕恶趣，后难得此妙善之身。修此三者，前已说讫。贪著庸常事之对治者，应思正法，是出生现后无边喜乐之因。无义戏论及掉举等诸散乱事者，是能失坏现世之大利，及引发后世无义众苦之所依，应断灭之。第三怯弱复有三：一以所得佛之功德无边故，而念我不能得；二以方便须舍手足等无量难行故，而念我不能行；三以处所须于生死受无边生故，而念于尔时被生死苦所损恼而怯弱也。初之对治者，念昔诸佛亦非最初即得甚高之道，亦唯如我于道渐次上进而成佛。薄伽梵亦说，诸较我极为下劣者，亦当成佛，我若不舍精勤，何故不得，当思惟之。第二对治者，念虽应施身等，然于生难行想时，亦可不即施，若至舍时如与果菜等，则无所难也。第三对治者，念以菩萨断罪故，则苦果不生，以坚固通达生死无有自性如幻故，则于心无苦，以身心增广安乐，虽住世间，无所厌事。如是思已。而断怯弱也。

精进所依之顺缘有四：一胜解力者，修习业果，于取舍而生欲乐也；二坚固力者，于未观察，任何不随而转，观已起行则至究竟；三欢喜力者，如婴儿戏，无辍无厌，而行精进；四止息力者，以勤精进身心疲劳，由暂止息，疲劳得苏，仍无间而行也。如此由灭违缘及竺顺缘，身心轻利，如风吹木棉曳之中而行精进也。修学精进时，具足六度而行者，自住精进，亦安他于精进，是精进之布施，余者同前。

【科】寅五　静虑学处

卯初　静虑自性

于随一妙善所缘心一境性，心正安住。

【科】卯二　静虑差别

从自性门，有世出世间之二。从品类门，有止与观及止观双运之三品。以作用之差别，有令现法身心安乐而住、及现证功德、与饶益有情之静虑。一于何等引生起身心轻安之静虑，二成就神通解脱遍处胜处等共诸声闻所有功德之静虑，三以静虑成办十一种饶益之静虑。

【科】卯三　生起之法

思惟修静虑之胜利及不修之过患等，于下奢摩他时当广说。修学静虑具六度之施者，自住静虑，亦安他于彼是也，其余如前。

【科】寅六　智慧学处

卯初　智慧自性

总言慧者，于所观境事物或法，能具拣择，此通于五明处善巧之慧也。

【科】卯二　慧差别

有通达胜义、通达世俗及通达有情义利之三慧。一通达胜义者，无我之真实义，由总义门而为比度，及由现证门而为量度也。二通达世俗者，即通五明处善巧之慧也。三通达有情义利者，即了解有情现后无罪义利，如何修行之理也。

【科】卯三　生起之法

应思惟慧生不生之功德及过患。初者，《般若百颂》云："见不见功德，慧是其根本，由修此二故，当摄持智慧。"菩萨于乞者，虽施身肉，如取之于药树，无慢怯等之分别者，盖以智慧现证真实之故也。又以见三有涅槃衰损之慧，为利他而修戒令戒清净。以慧通达不忍及忍之损益令心调伏，不为邪行苦楚所夺。又以慧善知精进之事，于彼精进，趣道甚速。又安住真实义静虑之殊胜喜乐，以依道理之慧而成办，故能清净施等五度者，由般若而得自在也。显现相违之二事，以具慧故成不违者。如菩萨若为四洲之转轮圣王，而不为增上欲尘所转者，是具足慧忍之力。如是虽见悦意有情，慈心猛利，然不致渗合少许之贪著。虽于有情之苦，有猛利恒常不忍之悲愍，然无忧逼，致起为善不勇之懈怠。虽具欢喜无量，然心于所缘，无散乱之跃动。虽常具平等大舍，然于众生义利刹那亦不弃舍者，以具慧使然也。又于能为彼等同等力之障碍，亦以慧而灭故。如《赞所应赞》云："不舍于法性，而随顺世俗。"谓诸相缚所执之事，虽微尘许亦不可得，而于得大决定之法性亦不须舍，然与内外因缘出生别别之果，心得决定之俗谛，亦不相违，而且随顺。故于诸无慧力者最极乖违之事，而于具慧者不违且顺。又如彼论云："开许及遮止，佛语或一定，或时则不定，彼此亦无违。"谓大小乘及显密二中，开遮不同，有其多种，彼等以一补特伽罗受持二种，寻求无量经教之密意，无慧力者虽成相违，然于善巧则不相违。亦是以慧而为之也。次慧不生之过患者，若离智慧，则施等五度及见不成清净。《摄度论》云："若无智慧而求果，布施自性不成净，利他舍施说为胜，余是增财之加行。"又云："不以明慧而除暗，彼不能具清净戒，多以无慧诸戒等，以染慧成烦恼浊。"又云："由邪慧过扰其心，不信解住忍功德，分别美恶持不善，如无功德王名称。”又云：“于诸智者胜赞叹，较彼深细更无余，以欲过失不能障，意正无慧不可成。”又云：“于慧无勤心若执，彼见不成遍清净。”其中王名称者，谓无功德之王，虽偶一次而起名闻，随即失也。以是之故，须生智慧，彼因亦于清净之经典，与心之能力相称而为听闻。《摄度论》云：“寡闻盲汉不知修，无闻彼当何所思，故当勤闻从彼因，如思以修广生慧。”至尊慈氏亦云：“三论诸分别，许彼所知障。悭等诸分别，许彼烦恼障。远离彼诸障，除慧更无余，胜慧闻为本，是故闻为胜。”《集学论》亦云：“应忍当求闻，次应住林薮，当精进等引。”前贤亦云：“须先闻诸法，而铭于心，数数思惟筹量分别。若将法忘已，纯一执心，则于修学无有助伴。故上修者由闻上，中修者闻亦中耳，有几许修习，须如尔许了知法而渐次增大也。若如是思惟决定了知坚固者，于恶友说一切善不善意乐皆是分别，悉应断弃者，则念法中未如是说，善知识亦不如是认许，便不随彼口而转矣。若无般若，仅有些微信心，见哭而哭，见笑而笑，犹如流水，任决东西，随彼所说，认为实在而随转耳。”修学慧时具足六度者，自住慧已，安他于慧，是为慧施，余者如前。

【科】丑二　学行四摄成熟他有情

一布施者，如前说波罗蜜多学处时所说；二爱语者，于所化机，宣说诸波罗蜜多；三利行者，于如是宣说诸义，令其起行，或令正受；四同事者，诸余安立于何义利，而自住于彼，与彼相顺修学也。《庄严经论》云：“施同示彼令受持，自亦随行之诸义，是即许为爱悦语，及为利行并同事。”何故于四摄而决定耶？为令徒眷于善修行，故于摄受中，首须令彼欢喜，此亦必待以财施已，于身饶益而后欢喜。如是喜已，为令入道，先须令彼知如何行，故亦须以爱语而为说法。由弃舍不知及疑惑已，为令无倒受持义故。若如是知已，以利行而令受善。苟自不修，于他教诫行止，须如是作者，彼即诘云，汝且未行，何故教他？汝今犹须为他所教也，即不受教。若自修者，彼即念云，令我所行之善，彼自亦住彼行。若修此者，于我成就利益安乐。以是而新进修，诸已修者亦坚固不退。故于彼中须同事也。此是诸佛说为成办一切所化诸义利之微妙方便，故诸摄受徒眷者，须依于此。颂曰："诸摄徒眷者，于此当善依，成办诸义利，善方便极赞。"彼等于定动中，云何修习之法者，如阿底峡尊者云："菩萨广大行，六波罗蜜等，出定之瑜伽，坚修资粮道。"受菩萨戒之初业菩萨，住资粮道者，无论定动所作，不越六度。六度有于定中修，有于后得中修习，谓静虑体奢摩他，及慧体毗婆舍那，于定中修。前三度，及静虑般若之少分，于后得中修。精进者，通于定动之二。忍之一分，于甚深法决定思惟者，亦于定中修也。阿底峡尊者云："于出定诸时，如幻等八喻，观诸法而修，定后修分别，学方便为主。于诸等引时，止观分平等，常应相续修。"如是希有难行，诸来修习闻之心生忧恼者，当知诸菩萨于最初亦未能受持，但由渐修为愿求之境，后则不待努力，任运而转，故于修习，最为切要。若见不能实行，即弃舍彼等净心之修习，则于清净之道极为迟缓。《无边功德赞》云："若有闻已亦于世间生损害，然汝自亦长时未能身受行，诸行以汝串习后时成任运，故诸功德若不修义难增长。"是故诸受菩萨戒者，无不学行之方便。诸来以仪轨受持行心者，亦当励力修欲学心。若于所行增长勇悍而受律仪者，极为坚固，故应勉焉。

已释上士道次第中净修愿心及于菩萨行总修学之道次第竟。

卷六

【科】子二　别于后二度修学法

丑初　止观自性

经说三乘一切功德皆是止观之果，大小乘一切三摩地皆于止观中摄。所言止者，谓内正住已，即于如是善思惟法，作意思惟，令此作意内心相续。如是正行多安住故，起身轻安及心轻安，是名为止。总之轻安所持于善所缘心一境性之定，即止自性。观自性者，经说彼由获得身心轻安为所依故，舍离心相。即于如是善思惟法内三摩地所行影像，观察胜解。即于如是胜三摩地所行影像所知义中，能正思择、最极思择、周遍寻思、周遍伺察，若忍、若乐、若觉、若见、若观，是名为观。总谓安住止中由观察所缘之力，引生轻安所持之观慧，即观自性。《庄严经论》云："正住为所依，心安住于心，及善思择法，应知是止观。"

止观必须俱修，如夜间观画，须灯明亮，复无风动，方能明了见诸色相，随缺其一便不明显。如是观甚深空性，亦须无倒了解真实之慧及随欲安住之止，方能明了见真实义。《月灯经》云："由止力无动，由观故如山。"

【科】丑二　学止法

寅初　修止法

卯初　加行

《入行论》云："当知具止观，能摧诸烦恼，故应先求止，不贪世修成。"故当先求修止。复应先备修止资粮。如《庄严经论》云："具慧修行境，谓易得善处，善地及善友，瑜伽安乐具。”易得谓易得衣食等顺缘，善处谓无猛兽怨魔等恼害，善地谓不引生疾病，善友谓具如法良友，瑜伽安乐具谓远离喧闹，是谓随顺处所。修止之人，复须少欲，不求众多上妙饮食等，略有粗劣便能知足。复不营商谋利，弃舍医卜等杂务及与他人往还之因缘，严持所受净戒，思惟诸欲过患与无常等理。具备如是止资粮已，于安乐座端身正坐，足结跏趺，双手定印，先调息等，如是所说加行六法及下士中士法皆应先修，尤应善修大菩提心。

【科】卯二　正行

辰初　明住心之所缘

巳初　总明所缘

总有四种所缘，谓周遍所缘、净行所缘、善巧所缘、净惑所缘。初中有四，谓有分别影像、无分别影像、事边际性、所作成办。就能缘心安立二种影像，初谓有观察分别之毗钵舍那所缘，次谓无观察分别之奢摩他所缘。言影像者，谓非所缘之自相实事，乃是心中所现之影像耳。第三是就所缘境安立，如思惟于五蕴中总摄一切有为法，于四谛中总摄一切取舍所知即于彼中数量决定，是谓尽所有边际性。如思惟诸法本性如是，更无他性，是谓如所有边际性。第四是就所修果安立，谓由多修止观之力，便能引生轻安等，成办所作之果。此四名周遍所缘者，谓此四种非离下诸所缘别有异体，复能遍彼一切所缘也。第二净行所缘有五，谓多贪者缘不净、多瞋者缘慈悲、多痴者缘十二因缘、多慢者缘界差别、多寻伺者缘出入息。第三善巧所缘亦有五，谓善巧色等五蕴、眼界等十八界、眼处等十二处、无明等十二缘起、从善业生可爱果为处、从不善业不生可爱果为悲处。第四净惑所缘有二，谓从欲界至无所有观察下地粗相、上地净相、暂伏烦恼种子，及修无常等四谛十六行相永断烦恼种子。

【科】巳二　此处所缘

《三摩地王经》云："佛身如金色，相好最端严，菩萨应缘彼，心转修正定。"由缘佛身持心，即是念佛生广大福。若佛身相明了坚固，可作礼拜供养发愿忏悔等修集资粮净治罪障之田，临命终时不失佛念，若修密法尤与修天瑜伽相顺利益极多，故当以佛身作所缘境也。此所缘境复有二取法，谓由心新想及于原有佛像想令明显。前者益大后者通显密乘，今如后修。先当求一庄严佛像若绘若铸，数数观察善取其相，作意思惟令心中现。此复当作真佛身想，不应作绘铸之像想。惟当于一所缘令心坚住，不可改换众多异类所缘。先令身相粗分略为明显，即应专一而修。尔时若观黄色现为红色，欲观坐相现为立相，欲修一尊现为多尊，则不可随转，唯应于一根本所缘令心不动。圣勇师云："应于一所缘，坚固其意志，若转多所缘，意为烦恼扰。"以是作意所修身相时，只要有粗分于心现起，即是获得所缘境，当缘彼而修也。

【科】辰二　明如何修住心

《辨中边论》云："懈怠忘圣言，及沉没掉举，不作行作行，是为五过失。"此说由断五种过失，修八对治行而修止。初于三摩地起加行时，懈怠是过失。对治此过共有四法，《中边论》云："即所依能依，及所因能果。"所依谓希求三摩地之欲心，此是勤修三摩地之因。能依谓精进。所因谓见三摩地功德之信，此是欲心之因。能果谓轻安，此是精进之果。由依净信引生希欲，依止希欲发生精进，依精进故引生轻安。故此四法是五过失中懈怠之对治也。

次精进修三摩地时，忘失教授是过失，对治此过当修正念。非仅不忘所缘便足，内心专住所缘境已，要有明了之定解方可。《集论》云："云何为念？于串习事心不忘为相，不散为业。"谓不忘失所缘境，令心与境串习和合，即念自性。

第三心住三摩地时，掉举沉没是过失。对治此过当修正知，由正知力观察沉掉为生未生，见沉掉生上者迎头遮止，中者才生寻灭，下者亦须生已不久即当断除。如是沉掉二法为修清净三摩地之主要障碍。如云：“于明了分沉没为障，于专住分掉举为障，故当了知沉掉为修清净三摩地之主要障碍。”故当善知沉没掉举昏沉之行相。其中昏沉，《俱舍集论》皆说所缘不明了、身心粗重为相，是痴分摄。沉没有粗细二分，粗者，令心黑暗，或于所缘虽未散动，然失明了之力，但澄净而已。微细沉没，谓有明净二分，而于所缘无定解力，略为低缓，不应误解沉没昏沉为一事，昏沉虽不向余境流散，而俱无明净二分。沉没则有净分而无明分。如云：“沉没谓于所缘心力放缓，不能明了缘取所缘。虽有净分而无明了取境之力，即成沉没。”又云：“有说心不向余境流散，俱无明净之昏沉为沉没者，不应正理。”由此亦可了知昏沉之相。沉没从昏沉生，有善无记二性。昏沉是痴分，是不善性或有覆无记性。如是沉没起时，若相微薄，仅起少次，则可策心坚持所缘而修。若沉没厚，或数数起，则应暂置所修法而修对治。其对治法，如《中观心论》云：“退弱应宽广，修广大所缘。”又云：“退弱应策举，观精进胜利。”退弱沉没之因，谓心太向内摄，或由放缓取境之力心渐低降，或由睡眠昏沉等因心觉黑暗。初之对治，当以观慧观察所缘令心广大。第二对治，应当思惟三宝功德菩提心之胜利，人生义大等功德，令心策举。第三对治，亦应令心策举，及作意日光等光明相，或以水洗面，或经行等。掉举者，若心将现亲友等可意境，即是微细掉举；若忽生贪相，即粗分掉举。《集论》云：“云何掉举？净相随转贪分所摄心不静相，障止为业。”微细掉举之对治，谓心于境将流动时，即应遮止系于所缘。粗分掉举之对治，谓生已即当了知，摄录其心令住所缘。若此不能治者，则可暂停所修法，思惟无常与恶趣苦等，收摄其心，待掉举灭已复修前事。又《速道论》云：“沉掉之对治当修风心与虚空相合之教授，及强断掉举之教授。”初者，谓想自身脐间有一白点量如雀卵，从顶踊出，与虚空相合，即于彼上令心安住。第二谓一呼一吸合为一息，于五息中持心不散而修，次修十息、十五息、二十五息等，渐渐增长，持心不散。或想上风白色，由鼻孔入，渐向下压，下风黄色渐向上提，于脐间相合，修瓶相风。

仅能了解沉掉之义犹非完足，要修定时以正知力，常时伺察沉掉为起未起。生此正知之方便因，谓不忘所缘之修正念法，及正念坚固之中常时侦察，心散未散，任持其心。《入行论》云："住念护意门，尔时生正知。"又说第二因云："数数审观察，身心诸分位，总应知彼彼，即护正知相。"沉掉之因，论说共因谓不护根门，食不知量，不修初夜后夜觉寤瑜伽，不正知住。沉没别因谓重睡眠，心于所缘力太缓放，止观不均偏修寂止，心相黑暗不乐缘境。掉举别因谓少厌离，心于所缘执力过猛，未串习精进思亲里等令心散乱。

第四如是善修正念正知，沉掉生起虽无不知之过，然沉掉生时若不无间即断亦是过失，此不起功用不作行之对治，即是名为作行功用之思。其思虽是于善恶无记随一之境，驱役内心之心所法，而此处是说沉掉生时，令心断彼之思也。若心于所缘执持之力太猛，此虽有明了分而掉举增盛，极难安住。若太不用力过于缓懈，住分虽有而沉没增盛难得明了，故当善忖内心而求急缓适中之界。若觉内心较此再举便生掉举，即当较彼略缓。若觉内心齐此而住便生沉没，即当较彼略高。如是求得安住界已，便于根本所缘，令心明了而住，随力所能住一时等。又初发业者，修时宜短次数宜多。

第五已断微细沉掉，心三摩地相续转时，若起功用作行，反成三摩地之过失，修此对治谓不作行安住于舍。当知此舍，是舍防护功用，非舍取境之力也。又非凡无沉掉之时皆可修舍，是于已摧沉掉力时乃修。摧伏之义如《修次中篇》云："若时已无沉掉，心于所缘能正直住。尔时可缓功用修习于舍，如欲而住。"《声闻地》云："令心随与任运作用。"又舍总有受舍、无量舍、行舍之三，此是行舍。初发业者最初难生无过妙三摩地，故当以六力成九住心，依四作意之次第引生无过三摩地。其六力中初听闻力，成办九住心中初内住心，谓由初闻修定教授，随顺所闻令心内住，尔时便觉分别杂念如同悬河。初识分别之相，第二思惟力，成办第二等住，谓先住所缘，由数数思惟而修，初得少分相续安住。此时便觉分别如溪涧水时隐时现，得分别休息之相，此二住心，沉掉时多正定时少，必须力励心方能住所缘，故于四作意中是初力励运转作意位。第三念力，成办第三安住、第四近住二种住心，如其次第，于心散乱时能速念前缘令心安住，及初以念力令心不散，从宽泛境渐收其心，使其渐细渐高。此时便觉分别，如潭中水，无违缘时安静而住，遇违缘时即不能住，对于分别起疲劳想。第四正知力，成办第五调伏、第六寂静二心，如其次第，初以正知了知于分别及随烦恼诸相流动之过患，令心不散，调柔乐修三摩地。次以正知了知散乱之过失，灭除厌修三摩地之情绪，令心寂静。第五精进力，成办第七最极寂静、第八专住一趣二心，如其次第，以精进力虽最细分别与随烦恼，皆能断除不忍，令心最极寂静，及由如是精进，令沉掉等初即不起，心能相续住三摩地。从第三至第七，此五住心，住定时虽多，而有沉掉障碍，故是第二有间缺运转作意位。第八住心时，如大海涛，随起何分别略修念知对治即自息灭，尔时虽须恒修功力，然沉掉不能为障，能长时修定，故是第三无间缺运转作意位。第六串习力，成办第九等持住心，以于尔时不须专依正念正知，其三摩地亦能任运于所缘转故。又由尔时既无沉掉为障，复不须恒依功用，故是第四无功用运转作意位。

【科】寅二　修止量

第九住心，仍是欲界心一境性，乃奢摩他随顺作意，若得身心轻安即奢摩他。《庄严经论》云："由习无作行，次获得圆满，身心妙轻安，名为有作意。"所言作意即奢摩他。轻安之相如《集论》云："云何轻安？谓止息身心粗重，身心堪能性，除遣一切障碍为业。"所言粗重，谓于善所缘身心不能如欲而转。

若得彼对治之轻安，则除身心无堪能性能随欲转也。如是身心轻安，初得三摩地时，即生微细少分，后渐增盛便成轻安与心一境性之奢摩他，将发众相圆满易见轻安之前相，谓于顶上似重而起，非损恼相。此起无间心粗重性即得除灭，能对治彼心轻安性即先生起。依此轻安生起之力，次有随顺身轻安诸风大种来入身中，由此风大遍身转故，身粗重性皆得除灭，能对治彼身轻安性即得生起。由此力故，身极快乐。由身乐故，心轻安性转复增长，其后轻安初势渐渐舒缓。然非轻安永尽，是由初势触动内心，彼势退减，有妙轻安如影随形，无诸散动与三摩地随顺而起。心踊跃性亦渐退减，心于所缘坚固而住，远离喜动不寂静性。乃是获得正奢摩他，亦是已得第一静虑近分所摄少分定地作意。外道诸仙修世间道于无所有以下离欲，及修五种神通等，皆须依止此奢摩他。内佛弟子，以出离心及菩提心之所任持，修无我义证得解脱一切种智，亦要依止此奢摩他，故是内外所共之道。略说奢摩他建立竟。

【科】丑三　学观法

寅初　总明观资粮

《修次中篇》说，亲近善士、听闻正法、如理思惟三种资粮。意谓依止彼资粮抉择了解真实义之正见，引生通达如所有性之毗钵舍那也。如斯正见，要依堪为定量论师所造之论而求，其能远离二边解释佛经甚深心要义之论师，显密经中多授记龙猛菩萨，故当依彼论而求正见。印度诸大中观师，皆推崇提婆菩萨与龙猛菩萨相等，咸依为量。其能无倒解释圣父子意趣为随应破中观者，则系佛护月称二大论师。今当随彼而抉择圣父子之清净意趣也。

【科】寅二　别明抉择见

卯初　明染污无明

《四百论释》云："所言我者，谓诸法不依仗他性。若无此性即是无我。此由人法差别为二，曰人无我及法无我。"此中所破之实执，谓觉非由无始分别增上而立，执彼境上自体成就。其所执之境，即名为我或名自性。若于人上无彼所破，即人无我。若于眼耳等法上无彼所破，即法无我。若于法上人上执有彼所破，即法我执与人我执。人我执之所缘，即流转生死者及修解脱道者等名言所诠事，依止诸蕴假立之我。若缘他身之我，执为有自相，亦是俱生人我执，然非俱生萨迦耶见。若缘自身之我，执为有自相，则俱是俱生人我执与俱生萨迦耶见。俱生我所执萨迦耶见之所缘，则是俱生心觉有我所之我所，非我之眼等。俱生法我执所缘，谓自他内身所摄之色蕴眼耳等，及内身不摄之山河房舍等。我执之行相，即缘彼所缘执为由自相有也。彼二种我执俱是生死根本。《入中论》云："慧见烦恼诸过患，皆从萨迦耶见生，由了知我是彼境，故瑜伽师先破我。"《七十空性论》云："因缘所生法，若分别真实，佛说为无明，彼生十二支。"

问曰：若二我执俱是生死根本，生死则有异类二种根本，不应道理。答曰：二种我执所缘虽异，行相无别，故无过失。欲断如是生死根本，须达无我慧。此达无我慧，要与无明我执同一所缘，行相相违，方能断除。《四百论》云："若见境无我，能灭三有种"。《释量论》云："慈与愚无违，故非真除过。"此说慈悲虽是无明之对治品，然非同一所缘行相相违，故非真能对治。法称师云："若不破彼境，非能破彼执。"此说须以达无我慧，破除无明我执所执之境，而断我执。故知生死根本无明我执之真对治，厥为达无我慧也。

【科】卯二　寻求无我见

辰初　抉择人无我

二我执生起之次序，谓从法我执生人我执。修无我之次序，则应先修人无我，次修法无我。于人法上所知无我，虽无粗细之别，然所别事，于人则易了解，于法上则难知。如法我执于眼耳上不易了解，于影像上则易了解，故成立无我之因时，以影像等为同喻也。《三摩地王经》云："如汝知我想，如是观诸法。"

故当先抉择人无我而修。此虽有多理，但初修业者，观察四事最为切要。初要谓决定所破，吾人下至重睡眠时亦有我执坚持不舍，彼心即是俱生我执。当观彼执执何为我，如何执我，如是审细观察彼执，便见彼执，非执于身心总聚上假名安立，乃执假立之我为有自体。彼俱生我执所执之我，即所破法。初若未能直识其我，则亦不能知无我义。静天师云："未触所计事，不知彼事无。"第二要义谓决定二品。彼坚固我执所执之我，倘于五蕴上有者，与自五蕴为一为异。离此二品，当知更无第三品。以凡有者，不出一异二品故。此依了知一异互违之量而成。《中观庄严论》云："离于一多外，所余行相法，决定不得有，此二互违故。"第三要义，谓破一品。若所执我与五蕴一者，应成一性。此有三过：一所计之我应成无用，二我应成多，三我应有生灭。初过谓汝所计应成无用，以汝计我原为成立取舍五蕴之作者，若我与蕴成一体性，则离所取之蕴别无能取者故，自性无分之法不可安立为异法故。《中论》云："离于所取蕴，别无能取我，计蕴即是我，汝我成无用。"第二过谓若我蕴是一者，如一人有五蕴，亦应有五我。或我是一故，五蕴亦应成一。《入中论》云："若蕴即是我，蕴多我应多。"第三过《入中论》云："若蕴即是我，我应有生灭。"由分别假立业果所依之我，虽有生灭亦无过失。但如自所执之我若有生灭，则成自性生灭，此中复有三过：初不念宿命过，谓不应忆念我于尔时如是生，以念宿生要前后二我是一相续，汝此二我自性各异不依他故。《入中论》云："所有自相各异法，是一相续不应理。"二造业失坏过，谓前所造业应不受果，以造业之我未受果前即已谢灭，别无与彼同一相续之我故，以彼自性坏故。三无业受果过，若谓前我谢灭后我受果者，应未造业即可受果，以他人造业，他人受果故。《入中论》云："般涅槃前诸刹那，生灭无作故无果，他所造业余受果。"由是推察即知我与五蕴非是一也。第四要义谓破异品，若所执我与五蕴异者，则离色等五蕴，应有我可得，如驴马相异，离马有驴可得。然色蕴等一一除后实无我可得。《中论》云："我异所取蕴，是事终不然，若异应可见，而实不可见。"依此四义观察，便知身心上，全无俱生我执所计之我。是为初得中观正见。若是宿世曾习此见者，觉如获得所遗珍宝最极欢喜。若先未习今创得者，觉如遗失极可爱物，起大恐怖。若俱无彼二感觉者，则是未能了知所破，或未善破除也。修习之法，有定中修如虚空与后得修如幻化之二。初谓如虚空唯由遮遣碍触而立，此亦唯遮自相之我，专一而修，住空见中坚固不动为主，若觉心相稍低劣时，便应忆念前四观察，引生定解相续修习。二后得修如幻者，谓由四相观察，破自相有之后，次观余存何法，便觉行住坐卧一切威仪动作，皆唯分别假立，如同幻事都无自性。又善得人无我见时，虽无俱生我执所执之我，但业果所依之我则非全无。如幻师所变象马，虽无象马之体，然有象马之相。如是现在彼我，本无自性现有自相，唯由分别假立之我，即能作善恶业，受苦乐果，一切缘起作用皆应正理，自性虽空非毕竟无，故非断见。又一切法本来性空，通达无我慧即如是通达。非是原有自性，后由觉慧安立为空，故空亦非由慧所作。又一切法皆非实有，非一分空、一分不空，故亦非少分空。故修一切法皆无自性，即执一切法为实有之对治也。

【科】辰二　抉择法无我

巳初　抉择有为法无自性

午初　抉择色法

先当观察自身，心中坚执为我身者，究执何物为身？如何执著？非于骨肉五支和集之主执为分别假立，是于假立境上执有自相成就之身。若果有彼身者，则与色蕴为一为异。若是一名此骨肉五支和集之身，是由父母精血和成，如身有五支，则识所托之精血亦应有五支。又如支有五，身亦应有五也。若是异者，则离一一支外，应有身可得，然实不可得，故无如是所执之身也。

【科】午二　抉择心法

如今日之识，若觉非于上午识及下午识上分别假立，而为自相有者，则当观察与上午识及下午识为一为异。若是异者，于上午识上应有下午识，于下午识上亦有上午识。若是异者，除上午识与下午识，应有彼识可得，而实不可得。故无如彼所执之识也。

【科】午三　抉择不相应行

例如一年有十二月，若觉非唯分别假立，而有自相之年者，应观彼年与十二月为一为异。若是一者，如月有十二，年应有十二，以年与各月皆成一体故。若是异者，除十二月后应有年可得，而实不可得也。

【科】巳二　抉择无为法无自性

如虚空界，亦有四方及中央。若觉虚空非于诸方分上分别假立，而是有自性者，应观虚空与彼诸分为一为异。若是一者，诸分成一，东方虚空与西方虚空，亦应成一。则东方空中降雨，西方空中亦应降雨，过失甚多。若是异者，则除虚空诸分之后，应有虚空可得，然实不可得，是故虚空非有自相。又一切法皆唯名言分别假立，都无少许自性可得，如于绳上妄执为蛇，较易了解。如黑暗时，见绳盘聚宛如真蛇，便觉此处有蛇，顿生怖畏。尔时彼绳一一部分，皆非有蛇，诸分积聚亦无有蛇，离绳诸分及积聚外亦无有蛇，然由见绳便生蛇之心全无相违，故彼绳上之蛇，唯由错乱分别所假立也。如是真蛇亦唯分别假立，非自性有，是由见蛇诸蕴而起蛇觉，若观色蕴一一部分及彼积聚，皆无有蛇，离彼诸分及积聚外亦无有蛇，然于蛇蕴唯由分别假立为蛇则不相违。

问曰：如于绳上毕竟无蛇，则于蛇蕴亦应毕竟无蛇，以彼俱是分别假立，寻求实蛇不可得故。答曰：无过，彼二虽同是分别假立，以理智寻求无可获得，然由分别假立，可否安立为有，则不相同。以于绳上分别假立为蛇，不可安立为有。于蛇蕴上分别假立为蛇，则可安立为有。以是分别假立非定是有，如计声常及人我等。虽是分别假立，然非是有。分别假立虽非定有，然属有者，则定是分别假立。以有者必是名言有，名言有者，寻求名言假立义时必无可得。寻求假义既无可得，则唯是于无观察识前，由分别假立为有也。绳上之蛇，由名言中无故成毕竟无。蛇蕴上之蛇，由名言中有故非毕竟无。以绳上之蛇，世名言量即能违害，蕴上之蛇，世名言量不能害故。

合上法喻，如绳非是蛇，喻五蕴非我。如依于绳而生蛇觉，喻依五蕴而起我想，如依盘绳而现蛇相，喻依五蕴有我相现。如依绳现蛇而蛇非有，喻依五蕴有我相现，而实非有。此即我无自性义。又如绳上虽毕竟无蛇，然由见绳为蛇故，生大怖畏，如见真蛇。如是依自五蕴所见之我虽非实有，然由分别假立之我，于行住坐卧等四威仪中作一切事亦不相违，此即缘起义。如是若见一切法都无自性，即由无自性故，便能安立缘起因果，是为性空现为缘起义。若见一切法唯由分别假立，缘起因果皆应正理，即由此故便能引生一切法皆无自性之定解，是为缘起现为性空义。如云："此皆自性空，依彼生此果，二决定无碍，更互为助伴。唯此为甚奇，唯此最希有。"又由略见缘起如幻，即能破除妄计诸法实有之实执，引生无自性决定解，是为正见观察圆满。如云："若时二念不分离，由见缘起不欺诳，即破一切所执境，是为正见观察圆满。"言不分离者，谓解空智与缘起智，更互相助也。如云："苗无自性，是缘起故。"此于所破加简别言，谓无自性，非说苗无。由苗无自性语，即能了知非毕竟无苗，故空能除无边。又由缘起因故，即知苗是缘起，必依待他，既待他成，即非自主，既非自主，便非自相成就，故现能破有边。如云："若知现能破有边，性空即能遣无边，性空现为因果理，一切边见不能夺。"如是从色乃至一切种智，皆是分别假立，十地佛果等甚深功德，虽初非世间常人之所安立，然诸佛随顺世间分别安立之理设立彼彼名言，所化众生，即依彼地道等名言，不再观察而有名言识转。若求地道等甚深功德，名言假立之义都无可得。故彼亦唯是名言分别之所假立也。问：若佛假立地道等名，佛意宁非亦有分别？曰：佛身虽无分别，然为引诱众生故，顺众生意乐，立如是名。以是当知随应破派一切名言，纯系随顺世间建立。如世间俱生心随其所见不复推究即便取舍，如是随应破派亦不观察而立世俗。有解随顺世间之义，谓凡世间愚人所说有无颠倒之事，我亦皆许，是未如实了知之大错也。又应知随应破派自宗，于世俗法不分正倒，观待世间识则分正倒二类。世俗不分正倒者，以世俗谛，真理与现象必不相符，是颠倒法，无真正义。观待世间识分正倒者，如世人说此处有瓶，世名言量不能违害，瓶虽是虚妄法，然亦可立为有，故观待世间立为正世俗。若见一月为二月，见雪山为青色，待彼乱识虽是实有，然世间无错乱心亦能了知彼是颠倒，故观待世间立为倒世俗。由是可知，世间愚人所计之颠倒名言，随应破派亦不必许其有也。总之，当知生死涅槃一切法，唯是分别假立，都无少许自性，生定解已应善修习。修习之法，即如前说，定中修如虚空之空性，后得修如幻事。若时以观察力，引生身心轻安彼定即成毗钵舍那。

【科】丑四　学双运法

若未先得止观，则无止观双运之事，故修双运必须先得止观。此复初得毗钵舍那，亦即获得双运。谓由前已得奢摩他为依止，乃修观察。若时由观察力获得无功用运转作意，即得双运转道。如《声闻地》云：“齐何当言奢摩他毗钵舍那，二种和合平等俱转，由此说名双运转道？答：若有获得九住心中第九住心，谓三摩呬多。用如是三摩地为所依止，于观法中修增上慧。彼于尔时由观法故，任运转道无功用转，如奢摩他道不由加行。毗钵舍那清净鲜白，随奢摩他调柔摄受，齐此名为奢摩他毗钵舍那二种和合平等俱转。由此名为奢摩他毗钵舍那双运转道。”《修次下篇》云：“若时由离沉掉，平等任运而转，心于真义最极明了，当缓功用而修等舍，当知尔时名成止观双运转道。”《般若教授论》云：“其后即缘有分别影像。若时彼心无间无缺相续作意双证二品，尔时说名止观双运转道。其奢摩他毗钵舍那是名为双，运谓互相连系而转。”无间缺者，谓观察后不须别修无分别住，即由观修便能引生无分别住。双证二品者，谓缘五分别影像之止与缘有分别影像之观，二品俱证。言相续者，是依观察修之毗钵舍那与观后安住之奢摩他，非同时生，若由观力引生真奢摩他，当知此奢摩他时，有缘如所有性之择法毗钵舍那，与专住如所有性之三摩地奢摩他，相应无转。能得如是止观平等俱转者，必先已得修所成之智德，故住无分别中。略以观慧观无我义，如诸小鱼游安静水，只可立为止观随顺相，非有真实止观双运之义也。

今者于摄道之总义，略为说之，最初道之根本，于依止善知识之理趣，当净治之；次于闲暇生起无伪，欲取精实，以是修习，由内懲诫，为生此故，宜修暇满诸法；次若未反求现世之心，则于后世不生猛利之希求，故于身不久住之无常，及死后飘流恶趣之理，应励力修习。尔时以生真实怖畏之念，于三宝功德，心生至诚之决定，而住共同皈依之律仪，于共学处而勤修学；次于一切白法根本之业果，由多门中生起深忍之信，令其坚固，以致力于善不善之行止，而当恒住于四力之道，如是若将下士诸法类贯入其心，更多思惟生死总别之过患，从总生死，遮止其心；次知生死从何而起之因，是为惑业，而生起真实欲断之心，总于能脱生死三学之道，别于自所受之别解脱戒，当努力焉，如是若将中士诸法类贯入其心，如自堕于海，有情诸母亦皆同尔，而为作意，修习慈悲为本之菩提心，如何能生，须当励力。此若无者，则六波罗蜜及二种次第等，皆如无基而建楼阁。若于彼稍生一二领受之行相，则以仪轨受戒，于其学处而为努力，以坚固愿心，应听闻诸广大行，了知行止之诸界限，于彼而生希求。彼若生者，即以仪轨而受行戒，于成熟自身之六度，及成熟他身之四摄等而修习之。别于根本堕罪，当舍命守护，中下品缠及诸恶作亦励力而毋令染，设或有犯，当于还净而精勤焉；次于后二度特须修学，于修静虑法善巧已，则修三摩地而于清净之二无我见，当如何能于身心生起而得之，须知住于见上修习之规，而为修习耳。于如是之静虑及慧，施设止观之名，除于此二更无余者，是受菩萨律仪已，从彼学处中而出也。此亦须修下下道时，于上道愈起欲得，若听闻上时，于下愈起欲修也。修彼等时，亦须断除分别，使心平等，如是若于引导之善知识敬信微薄，是则断善妙资粮之本，故于依止法须应努力。若于修行勇锐微弱，当修暇满法类。倘于此世耽著若甚，当修无常及恶趣过患以为主要。若见于所受制之界限缓慢，则修业果为主。若于生死厌患微小，则求解脱惟成虚语，当思生死过患。若任何所作于为利有情之心不猛，是断大乘之根本，故须修习愿心。若受菩萨律仪，于行修学，其执相之系缚若过坚利，宜用理智破坏执相之所缘，于如空如幻之空性而修习。心若不住所缘而作散乱之仆使，则当修心一境性而为主要，是诸前贤之所说。由此为例，诸未说者，如应了知。总之莫成一品，须令身心于一切善品而能安住也。

【科】辛二　别于金刚乘修学之法

如是于诸显密共道净修之后，不应犹豫当入密乘，此道较余法特为宝贵，以能速疾圆满二资粮故。若入彼者，当如《道炬论》所说，于初令师欢喜，较前所说尤须增上，此亦须于彼中所说最下之性相全者，而如是作也；次应先以密部根据所说之灌顶，成熟自己之身心；次于尔时听闻所受之三昧耶及律仪等了知守护。若犯本罪虽可重受，然道之功德，于身心生起极为留难，故当励力毋令染污。粗罪不犯，亦当致力，设有所犯，亦当作诸还净之方便，此乃修道之根本。彼等若无，如基础损坏，则楼阁必倒塌也。《文殊根本教王经》云：“能仁于坏戒，不说咒成就。”如是所说等之三种成就，任何亦无也。于无上瑜伽之经中，亦说不护三昧耶及灌顶下劣、不了真性，以此三者，虽行修习，任何亦无成就。若不守护三昧耶及律仪而言修道者，是飘流于密法之外。如是能守护三昧耶及律仪于密道而修者，若于下三部，则于有相无相之二种瑜伽以次修学，如于上部，则于二种次第瑜伽依次而学焉。以上是唯名言略示转入密咒之方隅，广者须于真言道次第中而知也。若如是学，即是于摄一切显密扼要之圆满道体而修学，能于所得有暇，具足义利，将佛圣教于自他之身心增广也。

佛说显密二种道，于中显教诸经论，
能生无碍大辩才，速易通达为教授。
又于密教诸共道，亦能光显净身心，
特于内外大小乘，大乘显密及诸续。
二次第等所共须，正修妙三摩地法，
如智者论已善说，能除行者诸歧途。
为利诸求解脱者，重著菩提道略论，
如斯甚深广行道，是由弥勒与文殊。
龙猛无著寂静天，辗转传来三法流，
汇归阿底峡尊者，揉成殊胜之教授。
愿此所得诸善根，回向众生利乐本，
如来圣教久住世，永离一切诸垢染。

谓摄一切佛语之枢要，龙猛、无著二大派之准绳，胜士趣入一切智地之法轨，三类士夫修持之次第，宣示一切完全之菩提道次第，是听闻阿兰若者，传内邬汝巴及传仅拏瓦相传之二，并从博朵瓦传夏惹瓦及博朵瓦传多巴诸教授义，从广道次第中，此复略摄。

多闻苾刍修断者宗喀巴善慧名称，著于具善山也，吉祥圆满。